MAURICIO MACRI, EL ELEGIDO

El hombre que llevará a la Argentina a la Gloria, profetizado por Benjamín Solari Parravicini como "El Hombre Gris"

Marianela Garcet

MAURICIO MACRI, EL ELEGIDO
MARIANELA GARCET

MAURICIO MACRI, EL ELEGIDO

MARIANELA GARCET

Create Space Ediciones

ISBN-13: 978-1979316279

ISBN-10: 1979316279

DEDICATORIA

Dedico este libro principalmente a Mauricio Macri, al gran equipo que formó, y también a los periodistas Jorge Lanata, Marcelo Longobardi, Alfredo Leuco y a todos aquellos que se jugaron por mostrar a la sociedad tantas verdades, por haber ayudado a gran parte de la Argentina a recuperar la Fe y la ilusión perdida hace tanto tiempo por muchos ciudadanos.
Gracias por tanto

MAURICIO MACRI, EL ELEGIDO
MARIANELA GARCET

INDICE

INTRODUCCIÓN

Ante todo, quisiera decir que me considero principalmente una transmisora de conocimientos espirituales, o que tengan que ver con mejorar desde el interior, .antes que una escritora, y que fundamentalmente quisiera enfocar este libro hacia ese lugar, sin embargo, creo que amerita comenzar por explicar algunos sucesos ocurridos durante estos años para poder comprender mejor el sentido del título que le he dado.

Decido comenzar este libro porque durante los últimos doce años, principalmente los últimos 8 años, en el país en el cual nací y vivo actualmente, Argentina, se ha vivido muy mal, muy asustados, agredidos, violentados en muchos de nuestros derechos, y una serie de cuestiones que poco a poco me llevaron a involucrarme desde mi lugar, desde mi trabajo a través de Internet, escribiendo, en mis blogs o redes sociales, abiertamente en este último año, sobre lo que pensaba políticamente hablando.

Sin darme cuenta fui comenzando a participar en grupos de discusión y opinión política, en los que nunca pensé que participaría y sin darme cuenta también acompañé y ayudé, realmente sentí que fui parte, en este cambio tan trascendente para nuestro país.

Cuando muchos de los fanáticos kirchneristas decían que los que no lo éramos nos dejábamos llevar de las narices por leer Clarín, mirar canal 13, o escuchar radio "Buitre" (así decidieron llamar a Radio Mitre) muchísimos miles y millones de argentinos estaban reuniéndose en diferentes redes sociales para compartir su disgusto, su dolor, su bronca, su impotencia, por todo lo que estaba pasando en nuestro querido país.

Creo necesario aclarar que no me considero en absoluto una autoridad ni mucho menos, sobre estos temas políticos, ni quiero pasar por encima de periodistas que seguramente podrán expresar mucho mejor lo que yo expongo en estas páginas.

Este libro pretende simplemente, expresar mi mirada e intentar simplemente soltar amarras, liberar tanta angustia vivida y compartir ideas con quienes piensan igual, que creo son muchos, y así sentir que no estoy tan sola, que quienes no estamos de acuerdo con todo lo que hemos vivido durante todos estos últimos años hasta ahora no estamos ni estuvimos solos, y también mostrar desde otro ángulo diferente, tal vez si se quiere, desde lo ciudadano, espiritual y metafísico, estas vivencias.

Sé que habrá muchos libros y artículos ,a partir de este año, sobre este tema, pero mi libro será o pretende ser al menos, el de una ciudadana más, anónima, que vivió esta época con todos los avatares que hemos tenido que atravesar, aunque teñido siempre de mi mirada hacia lo más profundo, lo que no se puede ver, pero está allí, en todo, inclusive en la política: el trasfondo del tema, lo espiritual, y lo que toca en lo más profundo de nuestras almas

Durante mucho tiempo pensé, sin comentarlo demasiado pues había muchos detractores, que quería a Mauricio Macri como presidente, viendo desde siempre en él a una persona que nos representaría muy bien , que se esforzaría por su pueblo y que llevaría adelante a nuestro país, me animé a volcar en este libro desde una mirada espiritual, todo lo que se vivió durante los meses previos a su elección como Presidente, ya que tuve desde el año 2005 la impresión de que él sería nuestro Hombre Gris profetizado por Benjamín Solari Parravicini.

Más la mitad del pueblo argentino eligió cambiar, quisimos un cambio y este cambio efectivamente vino de la mano de alguien que hace mucho venía luchando y demostrando que quería hacer las cosas de un modo diferente.

LA ERA KIRCHNERISTA

Cuando comencé a escribir este libro, (año 2014) nunca antes me había inmiscuido en temas políticos, no me consideraba ni considero una autoridad para opinar sobre ello, y menos para escribir sobre estos temas. Sin embargo, poco a poco me fui dando cuenta de la importancia que la política tiene en nuestra vida cotidiana, y si bien siempre me había parecido sucia ,ladina y oscura, fui comprendiendo que esto sucedió porque hasta el momento, la mayoría de los políticos la hicieron ver así, lo cual se profundizó luego de tantos años de mal gobierno kirchnerista, quienes durante doce penosos años, redoblaron la apuesta para dejar siempre un poco peor el concepto que muchos teníamos sobre el tema, y finalmente la mayoría de la gente terminó hartándose de esta forma de hacer política.

A principios del año 2015, un suceso trágico, fue la gota que colmó el vaso e impulsó a muchos de los que pensábamos igual a ponernos en marcha de modo unánime, de modo totalmente espontáneo, este suceso fue la muerte de un fiscal, Alberto Nisman, el 18 de Enero de este año que comenzaba trágicamente.

Este fiscal, no casualmente, investigaba una causa sumamente importante, que involucraba gravemente a la Presidente de la Nación en ese momento, y fallece un día antes de realizar su presentación formalmente, con muchas pruebas concretas sobre encubrimiento de una causa muy antigua pero siempre vigente y nunca resuelta: el caso AMIA.

Este año, se transformó por lo tanto en un año muy especial para mucha gente, porque como me pasó a mí, hubo muchas personas que se sintieron indignadas, impotentes, furiosas con este asesinato, que hasta el día de hoy, no habiendo terminado este año, no ha sido resuelto, y por eso nos sentimos tan impulsadas a participar, a querer hacernos escuchar, y ese espacio especial lo hizo posible Mauricio Macri y todo su equipo, pues él comenzó su campaña, acercándose a la gente, palpando muy de cerca sus problemas, acompañando, sin estridencias, humildemente, como fue la característica más notable de toda su gestión previa a su elección.

Además 2015 fue un año muy impregnado de política pues hubo votaciones casi todo el año, comenzando con elecciones en la capital federal y luego extendiéndose a todo el país, para cubrir diferentes cargos hasta finalmente llegar al ballotage del 22 de noviembre que finalmente que decidió quien sería el presidente elegido por la mayoría de los argentinos, de hecho fue casi el 60% que lo eligió democráticamente.

Por supuesto, mucho antes de su elección me había dado cuenta de tener, como tantos, sobradas razones para haberme interesado y querido que las cosas cambien, no por lo que me ha tocado vivir a mí específicamente, si bien me he visto bastante afectada por todo lo que ha sucedido en estos doce años de "Kirchnerato", como dice el magnífico periodista Alfredo Leuco, sino por tanta gente que la pasó realmente muchísimo peor que yo.

Esto significa haber perdido familiares, ya sea por haber sido opositores o denunciantes de corrupción del gobierno, o haber sufrido tragedias, o sido asaltados por delincuentes que nunca fueron apresados, condenados o encarcelados, o bien porque se quedaron sin trabajo, o que el dinero cobrado se les esfumó entre las manos sin poder llegar nunca a cubrir sus gastos mínimos o necesidades básicas, debido a la gran inflación jamás reconocida por el gobierno kirchnerista, o por haber sufrido miles de injusticias a nivel laboral, desde despidos injustificados, persecuciones, etc, en manos de un gobierno totalmente antidemocrático en su comportamiento, pues en su forma, sí lo pretendió ser, pero lamentablemente, todo fue forma y no fondo en esta era

Tanta disconformidad, tanto encono, tanto enfrentamiento, tanta agresividad, violencia física y verbal, creo que nunca se había visto antes. Si bien anteriormente, cada gobierno tuvo lo suyo, no lo podemos negar, y siempre hubo corrupción, la famosa "avivada argentina" o muchas cosas que no gustaban, pero lo que hemos estado viviendo durante estos últimos doce años, creo que superó todas las expectativas, como cuando dicen "la realidad supera la ficción", igual….

Agradezco infinitamente a Dios, que mi padre, que se hacía mucho problema por la dirección que estaba tomando este gobierno haya partido antes de que todo esto se haya exacerbado tanto, dado que si bien él pudo vivir los primeros años de la era Kirchnerista, en el 2009 que fue cuando él partió, aún no nos dábamos cuenta cabalmente de lo que sucedía, o no habíamos reaccionado.

Mi padre padeció parte del mandato K hasta el año 2009 y como dije antes, esa época, comparada con los últimos cuatro años, fue como un paseo por el parque. Por eso me alegra que haya podido partir contento con la noticia del triunfo de la oposición de la mayoría en el senado, ¿se acuerdan?
Fue en junio del 2009. Les recuerdo brevemente, solo para refrescarles la memoria y transcribo un breve párrafo que lo dice todo, fragmento del diario La Nación del día 29 de junio de 2009:

"De Narváez se impuso en Buenos Aires por 2,3 puntos; el ex presidente admitió el resultado y prometió profundizar la gobernabilidad; en Capital ganó Michetti, fue segundo Solanas y Carrió será diputada; aplastante victoria del candidato de Cobos en Mendoza; en Santa Fe ganó Reutemann por poco: el oficialismo sufre un fuerte retroceso en las dos cámaras; los Kirchner perdieron en Santa Cruz"

Por eso les decía, que, gracias a Dios, mi padre, que partió el 29 de junio de ese año, pudo irse algo tranquilo, y con la esperanza de un cambio ya en ese mismo año, lo cual, no sucedió, sino que, por el contrario, vinieron años más duros y de mayor "profundización del modelo K"

Al menos, en lo que se refiere a mi padre, agradezco que todo eso no lo vivió, al menos en este plano, me refiero a la debacle que a partir de entonces en varios sentidos, sufrió nuestro país.
Creo que desde donde hoy está, estará feliz de que al momento de terminar este libro, tenemos un Presidente que él también hubiese elegido y que respetará y honrará a nuestra Bandera, y llevará los destinos de nuestra Patria a la Gloria, según mi humilde opinión.

Creo que lo que vino después de su partida, en junio del año 2009, jamás lo hubiera imaginado: más corrupción exacerbada, persecución o asesinato de fiscales que investigaban causas comprometidas, agresiones abiertas o encubiertas en programas de televisión y radio y miles de cosas que las conocemos bien quienes sufrimos y padecimos el gobierno Kirchnerista sobre todo en los últimos años, durante los cuales, al ver que la posibilidad de perder las elecciones era tan cercana, que todo se sobredimensionó, inclusive cuando ya había certeza sobre el próximo Presidente elegido por una amplia mayoría, comenzaron a nombrar cargos públicos a mansalva, aumentando exponencialmente la deuda que le dejarían a propósito al gobierno entrante, para que, luego , en su fantasía K, poder volver con gloria como los salvadores de un desastre que ellos mismos armaron cuidadosamente. Hemos transitado todos estos años con mucha zozobra, desde todo punto de vista, viviendo una inflación creciente que este gobierno ha desmentido hasta el cansancio, inclusive ya en campaña para elecciones presidenciales, el candidato del oficialismo se jactaba tristemente diciendo que la inflación había bajado, y que dejaban un país totalmente ordenado y cuasi perfecto, y todos nos preguntamos, ¿con respecto a qué parámetros?

Escribo sobre todo para mostrar la indignación que he sentido durante todos estos años como ciudadana, en la esperanza de reflejar a muchos, porque he sentido, como también creo le ha pasado a mucha gente, que no han respetado para nada mis derechos, que han insultado mi inteligencia en todo momento, que me han mentido en la cara y se han reído y burlado de mí, que me han despreciado y no me han protegido.

A mis actuales 56 años, cuando lo estoy escribiendo, siento vergüenza ajena por todo lo que nos han mentido en todo sentido, desde esconder y tergiversar los índices inflacionarios, siendo totalmente claro que las personas que vamos a diario a realizar compras, cualesquiera ellas sean, (desde productos de primera necesidad como puede ser comida, hasta cuotas, servicios, ropa, calzado, etc) sabemos perfectamente que los precios del 2015 son
abismalmente más altos que en el año 2003, hasta negar muertes, asesinatos y destituciones de jueces y fiscales que investigaban causas de corrupción, avasallamiento de la justicia, mentiras y difamaciones sobre quienes no pensaran igual, exaltación de los derechos humanos de delincuentes y minimización de los mismos cuando se trataba de personas honestas y honradas.

Hablo del sufrimiento que estos años han significado para muchas personas que como yo, albergan los valores de siempre, valores de familia, honestidad, trabajo, respeto, buena educación, sin importar la clase social, porque de eso también el gobierno Kirchnerista se encargó de crear la famosa "grieta", descubierta por el periodista Jorge Lanata, cuando todos en ese momento lo criticaron y luego se habló por años de la misma. Efectivamente, la misma se insertó por completo en nuestra sociedad, se fue haciendo cada día un poco más profunda, tanto es así que, a poco de finalizar la campaña presidencial, el candidato oficialista había tildado a su opositor de "creído de Barrio Parque", cuando esto no tiene nada que ver con lo que importa en el fondo de la cuestión a la hora de elegir quien será quien nos gobierne finalmente.

Él hacía una diferencia entre sí mismo, jactándose de ser una persona popular, y denostando a su opositor nombrándolo de esta manera, cuando claramente, quienes lo seguíamos por convicción no vimos nunca en él a una persona con estas características, jamás Mauricio Macri se mostró como una persona soberbia o creída, pudiendo haber sido así dado su origen acomodado.

Por el contrario, él se dedicó a recorrer barrios humildes, donó íntegramente su sueldo de jefe de gobierno de la ciudad al comedor dirigido por Margarita Barrientos y en su campaña, se acercó a todos los hogares que pudo, principalmente a los más necesitados, y a los hogares de todos aquellos que lo recibieron, haciéndolo con gusto, con amor y dedicación.

Lo ví yo, no me lo contó nadie, y se veía en su mirada, en su forma de actuar, que era sincero, no era una postura, no era una pose de campaña, en absoluto. Saludaba a todos, como si fueran de su propia familia, con sinceridad, eso, yo lo puedo percibir y distinguir muy bien, y creo que la mayoría de la gente también lo pudo hacer, de allí el triunfo de este cambio. El pueblo soberano aprendió a distinguir entre la verdad y la mentira, entre la Luz y la oscuridad, y ya nadie puede engañarlo.

Desde el oficialismo, por el contrario, durante toda la campaña anterior a las elecciones, se sentía que hablaban y actuaban desde las "formas" estando el fondo de todas sus propuestas y toda su gestión totalmente "vacías" de contenido, y sobre todo, de verdad. Nos han mentido descaradamente, en la cara, riéndose y burlándose una y otra vez de cada uno de los ciudadanos que no estábamos enceguecidos por el "relato Kirchnerista", y esto se fue haciendo cada vez más agresivo, inclusive por aquellos seguidores acérrimos del modelo, principalmente gente de la farándula local que insultaba con sus palabras desde las redes sociales y en cuanta entrevista les era concedida a la gente que no pensaba como ellos, como si con eso nos fueran a convencer de algo, por el contrario, cada día lograron que la mayoría de la gente se alejara más de esas ideas.

Claramente, sus "formas" se vistieron de derechos humanos y cuidado al prójimo cuando en realidad, estuvieron cubriendo y tapando chanchullos de poder que a toda costa quisieron evitar que salieran a la luz.

Cualquier cosa siempre era válida para desacreditar a sus opositores: eso es lo que siempre ha caracterizado a las personas de la era Kirchnerista.

La finalidad última de sus vidas siempre ha sido desacreditar al otro, difamarlo, creando una "realidad paralela y cuasi inexistente" que confundió mucho y por mucho tiempo a quienes no tenían la capacidad de discernir, o se sentían intimidados o asustados, para finalmente terminar eligiendo a quien les ofrecía un discurso populista, repleto de falsas promesas y de limosnas en lugar de verdaderas oportunidades para crecer.

De eso se trató pues, esta era, de ser "populistas" disfrazados de "Republicanos" o democráticos.
Si algo he aprendido durante la era K, como una simple ciudadana que nunca se interesó en política, fue a conocer bien todas las artimañas de un gobierno Populista.

Poco a poco, me fui dando cuenta de que quienes nos gobernaban, cuando hablaban del famoso "modelo", se referían a una copia de lo que pasaba y aún hoy en 2015, sucede en Venezuela, un país cuyo modelo de gobierno ha servido de ejemplo para el nuestro durante estos doce años de pesadilla, y me asusté mucho pues veía muchas similitudes, y no quería que esto le sucediera a mi país, yo no había elegido un gobierno populista, yo no quería algo así para mi patria.

De todos modos, no tenía tampoco la certeza de qué poder hacer, pues hasta el momento todo era fraude, y más fraude, de modo que era imposible pensar que llegaríamos a poder lograr tener otro tipo de gobierno que no fuera ese.

No es mi idea detenerme en esto, pero creo que es sano darse cuenta de la diferencia entre un gobierno Republicano y democrático, y quienes ofrecen populismo tan arraigado en los países latinoamericanos en los últimos años, como modelo único y representativo de lo que ellos han dado en llamar "Revolución"

Había entonces, cuando descubrí esto, y hay ahora, ya a pocos días de asumir un nuevo gobierno, que nos llevará en otra dirección, mucho para cambiar, y mucho para evitar que nuestro país se hundiera en algo tan desastroso y casi sin retorno como se nota en los gobiernos de Venezuela o Cuba, totalmente dictatoriales, que aún hoy, en el primer país que nombré, a días de las elecciones y su innombrable e impresentable presidente, amenaza a la población con una masacre si no ganan ellos ¿entonces para qué hay elecciones? Para engañar al mundo señores, claro, para engañar y decirles: "aquí hay una democracia" "el pueblo está conforme y quiere a este gobierno" y por dentro, hacen lo que quieren, fraude, amenazas, persecuciones a la oposición, miedo.

Como aquí quisieron y quieren hacerlo, pues a días de asumir el gobierno que la mayoría del pueblo argentino ha elegido en democracia aquí hay amenazas de disturbios por parte de los seguidores de este perverso modelo y su creadora la presidente que actualmente tenemos que soportar, y esto es al día 3 de diciembre, lo aclaro pues cuando este libro esté siendo leído, ya no estará más y espero que podamos librarnos para siempre de ella.

Durante estos largos años sufridos a manos del Kirchnerismo, se han discutido sobre muchas cosas coincidiendo la mayoría en lo que estuvo mal encarado y manejado, negado sistemáticamente por el oficialismo, desde la inseguridad, hasta las casas tomadas, desde el clientelismo hasta los subsidios que cobran personas que no están ni discapacitadas ni tienen alguna malformación que les impida trabajar, chicos jóvenes que drogados asaltan a mano armada a personas inocentes, a trabajadores honestos y luego en lugar de ser juzgados y encarcelados se hacen famosos, o extranjeros de países limítrofes que vienen aquí solo a cobrar un subsidio o lo que ha sido peor aún durante estos años, sobre todo el último, durante las elecciones, venían pagados, cruzaban el "charco" y se hacían documentos argentinos para votar a favor del kirchnerismo

Siento que estuvimos viviendo durante doce años en una especie de sueño del cual uno quiere despertar y no puede, esos sueños de los que cuesta despertarse, y que parece que nos tienen amarrados y no podemos abrir los ojos, o gritar o movernos, una verdadera pesadilla, porque fue terrible todo lo que pasó, hemos estado viviendo en un país en el cual los corruptos, la gente mala de la película, siempre fue quien tuvo la palabra y todas las ventajas, y quienes queremos hacer las cosas bien cada día fuimos más sojuzgados y maltratados psicológicamente por un estado que cada vez se hizo más dueño de todo, un gobierno que se pensó que era dueño del Estado, y no al revés, como debería ser una verdadera democracia.

También en muchos momentos hemos tenido todos la sensación de que nos han tomado por tontos, han insultado nuestra inteligencia, se han burlado de una gran parte de la población, y también nos han psicopateado.

Esto último porque muchos de los comportamientos de la cúpula Kirchnerista, tanto de la Presidente como de sus seguidores, si los analizamos, tienen muchos componentes sicópatas, por ejemplo armar una escena por algo que ellos mismos hacen o dicen, y atribuírselo al de enfrente, el envolver con palabras algo que a las claras no es verdad y hacerlo creer como cierto, el mentir una y otra vez y luego contradecir y decir que no se dijo lo que nosotros escuchamos que se dijo… en fin…pequeños y sutiles detalles que van de a poco minando la seguridad, la certeza, la confianza, hasta que todo se vuelve muy confuso , enfermo y hasta desquiciante.

La sociedad finalmente se hartó de tanta impunidad, de sentir vergüenza de quien nos representaba y hacía lo que quería con un país sintiéndolo su juguete, de su propiedad, que se pasea por el mundo alojándose en hoteles de lujo donde por lo que ella y su comitiva pagan una sola noche de alojamiento podría alimentar y ayudar a niños que mueren por desnutrición o hacer escuelas, o mejorar la salud pública.

Nuestra Presidente hasta el 10 de diciembre de 2015, ha sido alguien que se apoderó de las decisiones de la gente, que nos ha tratado como si fuéramos niños de jardín de infantes, o peor, dado que en un jardín de infantes a cargo de una buena maestra jardinera se otorga la libertad suficiente a los niños para que aprendan a tomar decisiones correctas.

Hasta último momento, cuando aún estoy escribiendo el libro, antes del día clave, ella juega con nosotros, arengando a sus fieles seguidores, apoyada hasta por el presidente payasesco que tiene Venezuela, quien se ha sumado a pretender desestabilizar un día que debería ser de felicidad y festejo para la mayoría de los argentinos que elegimos un Presidente en quien confiamos y que queremos que nos ayude a cambiar.

Pero ella, la "Reina" como le solían llamar en otras épocas, dado que tiene actitudes monárquicas y déspotas, no quiere ayudar, no coopera para nada en que haya una transición en paz, pues se encapricha en ejercer hasta el último minuto su voluntad, y con soberbia pretende refregar en la cara de quien es ya nuestro Presidente elegido legalmente, su poderío, absurdo ya, a estas horas, dado que debería ser más inteligente y sensata y darse cuenta de que sería mucho más lógico y maduro, dar un paso al costado, aceptar la voluntad popular, morderse los labios si tanta bronca tiene, y esperar, tranquilizarse, hacer las cosas bien, para irse con gloria y no como se irá, dado que ya en el mundo seguramente se está hablando de las barbaridades que hace para impedir que la transición se dé normalmente como debería ser en cualquier país.

En este caso, el estado ha sido el que se fue apoderando paulatinamente de pequeñas y grandes decisiones como por ejemplo, el caso de la gente que envía a sus hijos a escuelas estatales en las cuales se les obliga a los chicos a debatir o aprender sobre la marcha peronista o sobre cosas que son propias de una ideología política, técnicas marxistas si las hay y hasta casi parecidas a las de la época de la propaganda nazi.

Yo me pregunto, ¿qué pasa si yo no tengo dinero para enviar a mi hijo a un colegio privado? Si yo no estoy de acuerdo con el peronismo o cualquier partido político, el que fuera ¿por qué tengo que aceptar que mi hijo aprenda la marcha peronista en la escuela pública?

No entiendo como hay gente a la que esto le parece una democracia, y que lo que propuso el famoso "modelo kirchnerista" les ha parecido algo bueno... no lo entiendo realmente.

Es no quererse a sí mismos, es dejar todo en manos del estado, es dejar que manejen sus vidas, les digan que pensar, qué estudiar, que comprar, que los engañen hasta en lo que les muestran en la televisión, pues cuando regalaban las antenas digitales, les permitían ver solo los canales pertenecientes al grupo kirchnerista y del empresario K más reconocido y dueño de los demás canales. Quienes repudiábamos todo lo que ellos querían mostrar, su modelo, sus ideas, y todo impregnado de K, si queríamos una antena por no poder pagar cable, teníamos que aceptar no ver los canales que quisiéramos ver. Eso no es democracia, eso es populismo.

Todos tendrían que tener el derecho a que sus hijos sea educados como corresponde, aprendan idiomas que sirvan, como el inglés que es un idioma universal prácticamente, computación, geografía mundial, historia mundial y no todo restringido a la Argentina como si fuera el ombligo del mundo, porque quisiera que el día de mañana tenga la posibilidad de estar en contacto con otras culturas, y conocer sobre ellas, no ser un ignorante.

Y los seguidores de este "modelo" se llenaban la boca hablando de los derechos humanos, creo finalmente que para acercar a gente que solo ve las formas y no el fondo de la cuestión.

Lamentablemente, durante todos estos años de la era Kirchnerista, he podido observar, como seguramente muchos lo hicieron también, que todos los seguidores del famoso "modelo" parecían tener una especie de "lavado de cerebro" pues no se puede creer que gente que uno creía inteligente como algunos artistas, apoyasen tan ciegamente ideales tan abyectos, tan obtusos y necios, además de la extremada corrupción visible en todas las áreas.

Los seguidores del famoso "Modelo Kirchnerista" el llamado "Nac&Pop" (Nacional y Popular), han sido muy necios principalmente al negar todo lo que salta a la vista de cualquiera como erróneo o desacertado.

Sobre todos los desaciertos, habría una larga lista que ni vale la pena ponerse a detallar pero que me encantaría hacerla, para no olvidarme y para recordar cada una de las cosas que me molestaron terriblemente de la era K.

Insultaron por años e insultan hasta último momento nuestra inteligencia, eso hicieron y pretenden seguir haciéndolo, ya teniendo un Presidente electo del partido opositor, mintiéndonos sobre cosas que podemos ver con nuestros propios ojos, como la inflación, el narcotráfico, lo último ¡Los resultados de las elecciones presidenciales del 22 de Noviembre! , y demás cosas que ellos niegan sistemáticamente haciéndonos pensar que solo imaginamos, o que nos lo cuenta Clarín , TN, radio "Buitre" como llaman a Radio Mitre, y nosotros como tontos que somos, lo creemos… es insólito, ¡indignante!. Dicen que quienes votamos a Mauricio Macri como Presidente, somos ricos, oligarcas, "Gorilas", clase alta, etc.

Pero yo me pregunto ¿tan ciegos están? ¿No pueden ver que la mayoría de la gente de todas las clases sociales está HARTA? Con mayúsculas, a propósito: HARTA

Me pregunto nuevamente, ante tanta necedad y terquedad: ¿no será al revés? Pues el famoso "relato Kirchnerista" que durante doce terribles años imperó y dominó la Argentina, parecería funcionarles a la perfección y esto es lo que ellos les hacen creer a sus fanáticos, que distan mucho de ser iguales de quienes no nos dejamos llevar por sus patrañas, les hacen creer que somos unos tontos que nos dejamos engañar por los medios, ¡oh!, ¡Qué tontitos somos!

Parecería que nos toman por poco inteligentes, mientras ellos se creen superdotados y sumamente intelectuales. Permítanme decirles que creería que es al revés, exactamente.
Ellos, como dije antes, desde un comportamiento rayano en lo sicopático, inventaron burdas, terribles mentiras sobre su opositor principal, y las esparcieron por doquier y la gente fanática del "modelo" y "relato Kirchnerista" o K, para resumir, se lo creyeron. Sin palabras. Indignante.

Recuerdo cuando durante la campaña electoral, sumamente sucia, trucaron la foto de Mauricio Macri colocándola burdamente, con una técnica muy tonta de cortar y pegar, sobre la foto original en donde estaba el entonces ministro de economía de la dictadura militar, José Alfredo Martínez de Hoz, entre 1976 y 1981 al lado de Videla, siendo que Macri, hagan cuentas, nació en el año 1959, era   un adolescente en esa época y la foto que pusieron era de cuando tendría cerca de 30 años: una locura total!

Ellos, los fanáticos K, hicieron circular esa foto trucada y mucha gente inocente, que no vivió durante esos años, ni se cuestiona, ni piensa en que la edad no cierra, ¡lo creyeron!

¿Por qué hacer esto? Si quienes seguían el modelo ya tenían suficiente bronca, porque alimentar más rencor con burdas mentiras?

Algunas personas tan crédulas a ciegas del relato kirchnerista, inclusive me llegaron a decir: "yo no voto a genocidas" y yo me pregunto ¿Mauricio Macri es un genocida? ¿Tan fácilmente se puede difamar de esa manera a otra persona? ¿Sin saber nada en realidad de su verdadera vida? Porque ese calificativo es demasiado fuerte y no puede ser deslizado con tanta liviandad.

Lo mismo que cuando un actor, del cual no daré el nombre, para no darle más importancia de la que tiene, pero que todos en Argentina saben quién es, que dijo aquellas famosas frases tan desacertadas por cierto:

"Macri es como si se presentara Hitler nuevamente en Alemania" (¿No será un poco fuerte, por más que seas un opositor para decir esto?)

"Que un pobre vote a Macri es como que un judío vote a Hitler". (Esto es peor aún, terrible, sin palabras…)

"Cómo un pobre va a votar a Macri, a un empobrecedor que enarbola que (el expresidente) Carlos Menem fue un gran transformador"

"Creo que el que vota a Macri o es un boludo, o un hijo de puta, o es una parte interesada"

Ya en esta última frase subiendo la apuesta e insultando a quienes no pensamos como él, o como los fanáticos kirchneristas.

Totalmente insólito y daba a pensar que hay algún tipo de lavado de cerebro, que ellos también atribuyen, ante cualquier forma de pensamiento que los haga sentir incómodos con sus creencias, al supuesto libreto que nos da Clarín o los "medios hegemónicos" o la "corpo" como suelen referirse los fanáticos K a quienes no piensan como ellos o no creen, casualmente, en "el relato".

Insultaban todo el tiempo a quienes no pensaban como ellos, han crecido dentro de estos doce tristes años vividos de "hegemonía Kirchnerista" en un marco de agresividad, difamación, sicopateadas, mentiras, corrupción y más, podría hablar de mucho más, ya que eso es lo único que supieron y saben manejar a la perfección.

Aplican a la perfección el dicho "el ladrón juzga por sí" todo el tiempo, dado que ponen en los demás, en el de enfrente, toda su basura, y lo acusan de ser lo que ellos mismos son.
Eso descoloca a la gente normal, y también enoja, mucho.
Termina hartando, que es lo que sucedió en esta Argentina 2015.

PERIODISMO KIRCHNERISTA

Hubo durante la era kirchnerista muchos periodistas que eligieron, lastimosamente, muchos por dinero, creo que ninguno por convicción, pero de una u otra manera, fue asqueroso, seguir a rajatabla "el relato" oficial, lo mismo que tantísimos actores de la farándula vernácula, que, lamentablemente y en desmedro de su arte, han tomado partido por este gobierno que desde hace 12 años va avanzando sobre todo, pues su lema siempre ha sido la frase tan violenta y amenazante: "Vamos por Todo"

Como ciudadana común me interesa que no se roben el dinero que es de todos, el que todos los ciudadanos que trabajamos dignamente pagamos con nuestros impuestos para que vayan luego a parar a los bolsillos de periodistas comprados, que mienten, y en lugar de informar, desinforman, como cuando el día 25 de octubre , un poco antes de cerradas las votaciones ya daban por ganador "por amplia diferencia", a Scioli, y en provincia a Anibal Fernández , cuando esa mentira iba a durar muy poco como se supo de inmediato que era todo lo contrario, y los resultados están a la vista.

El periodismo de la mayoría de los canales comprados por los k, estaba formado por periodistas que recibieron cuantiosas sumas de dinero a título personal, en pautas oficiales nacionales y figuraban en listados de 2200 personas y firmas que recibieron aportes monetarios del Estado, esto existe documentado, no es algo que nos hayan metido en la cabeza los medios del "grupo Clarín" como siempre que alguien se oponía a algo o denunciaba algo se decía. Toda la culpa siempre fue de "Los medios hegemónicos" Permítanme reírme a carcajadas, porque el propio Relato K se vio reflejado en la hegemonía de los medios que compraron a piacere luego de la insultante Ley de Medios, que finalmente resultó favorable al triste Relato K. Pretendieron tomarnos por tontos por decirlo de un modo elegante y no ser grosera.

No se puede creer, que personas que supuestamente han estudiado y están formadas para esa profesión, y que deberían ser totalmente objetivas y dignas de ser escuchadas o leídas por la población y cuya función es informarnos, se presten a un juego tan burdo y tan maléfico que perjudica a mucha gente.

Y todavía tienen la osadía de hablar de Clarín? Si ellos han informado solo lo que los K le dictaban y permitían informar… ¡por favor! Indignación total.

Y luego, cuando se quedan sin argumentos, sin falsas pruebas, sin algo para dar a conocer desde la mentira y la difamación, comienzan a decir que quienes no pensamos como nos enseñaba "el relato K" nos dejábamos llevar de las narices por lo que nos dictaba el grupo Clarín. ¡Aberrante!

Y sería bueno recordar, que, en el transcurso de un programa en vivo el 18 de enero pasado tuvo una curiosa e inquietante primicia cuando respondió a su invitado Ricardo Alfonsín mientras éste hablaba de la presentación en el Congreso, al día siguiente, del fiscal Alberto Nisman. El periodista lo interrumpió en ese mismísimo momento: "Me han dicho hace un rato que no va a ir Nisman"...18 de enero de 2015 (hay videos circulando en internet de ese papelón)

A esa hora, cuando el periodista afirmaba, (¿cómo lo sabía?) que el fiscal Nisman no iría , éste yacía muerto en un charco de sangre en el baño de su departamento en Puerto Madero… y han pasado ya 10 meses desde entonces, (a diciembre de 2015) y ese caso no ha sido resuelto…

Cuántas preguntas podríamos hacernos ¿no?:
¿Cómo sabía él que el fiscal no podría asistir?
¿Será que ya se sabía que un asesinato iba a ocurrir entonces?
¿Quién le informó en ese instante que el fiscal no podría asistir?
Alguien seguramente sabría que ya lo habían matado…

¡Y después nos quisieron hacer creer que eso fue un suicidio! Y dudar en los programas de televisión, sobre si sería un suicidio o un asesinato ¡¡¡Por favor!!! Si este periodista, hay archivos que lo confirman, dijo en ese mismo momento que no iría, ¿cómo sabía que no iría ? ¿Quién se lo dijo?

Da para una novela policial interminable la gran corrupción desatada en este país durante el "Kirchnerato" apelando nuevamente a la expresión del gran periodista Alfredo Leuco.

La realidad supera ampliamente a la ficción.

Es indignante, realmente indignante que hayan transformado en esto a la sociedad, en una batalla campal, en un país dividido, y es claramente una técnica marxista empleada solamente a favor de los dirigentes, para llenarse los bolsillos y dar migajas a la población, manteniéndolos sumisos y callados, asustándolos con quitarles los pocos beneficios logrados.

Sin ir más lejos y continuando por los organismos periodísticos coptados por el kirchnerismo y que debían actuar exclusivamente a su favor, nos encontramos con Télam, un organismo que debería ser objetivo, y que sin embargo ha sido absorbido en su totalidad por dirigentes de la agrupación "La Cámpora "al servicio de la campaña sucia durante las elecciones, y antes como mero medio informativo K

Se supo que amenazaron a los trabajadores por mail, enviándoles misivas en las cuales "sugerían" que Scioli era el mejor candidato, durante el ballotage, argumentando inclusive que si ganaba Macri, la agencia desaparecería, por lo tanto, nuevamente presionaban con el miedo a perder la fuente de trabajo, como lo hicieron en el marco de una gran campaña más que sucia iniciada a partir del día 25 de octubre por los el oficialismo y la Presidente, como siempre, en su discurso psicópata, se atrevió a endilgar una "campaña cloaca" a la oposición.

Otra causa más de indignación (y van…) es la agencia de noticias oficial Télam, un organismo que debería estar al servicio de la población, para informar objetivamente, y brindar puestos de trabajo a los cuales se llegue por medio de concurso y no "a dedo" por ser simpatizantes del partido oficial o bien directamente militantes de "La Cámpora".

Se sabe que, desde la asunción del kirchnerismo en mayo del 2003, Télam ha casi triplicado su cantidad de personal, con el agravante de que la mayoría de ellos efectivamente corresponde a adherentes a la agrupación juvenil K que conduce Máximo Kirchner y que no cumplen ninguna clase de tareas efectivas dentro de la agencia, no cumplen tareas periodísticas, sino que se dedican a armar campañas en contra de los principales referentes de la oposición.

La agencia de noticias Télam, organismo antes respetado y confiable, se ha transformado en una cueva donde los seguidores de la agrupación que conduce Máximo Kirchner la han tomado como propia, con cientos de "ñoquis" camporistas, no permitiendo ningún pensamiento disidente y transformándola en un simple complemento del aparato de propaganda K, en donde la mayoría de los militantes ciegos seguidores de Cristina y sin ningún tipo de formación o preparación dilapidan millones de pesos al año de fondos públicos, nuevamente utilizando un organismo público y del estado como si fuera un bien de su propiedad.

La presidenta de la Fundación LED (Libertad de Expresión + Democracia), Silvana Giúdici, afirmó que el gobierno utiliza a Télam a través de miembros de La Cámpora, como herramienta de propaganda partidaria, añadiendo además que es un brazo más del aparato oficial al servicio del kirchnerismo y su campaña política y que les sirve para hostigar a la oposición perdiendo todo el sentido de función social que originariamente tenía este organismo.

La legisladora porteña electa por el PRO, señalaba que "la función de Télam y de todos los medios públicos es lograr una pluralidad y diversidad de voces, dejando a todas las expresiones políticas y sociales levantar su voz.
Nada de eso sucede hoy en día, donde sólo el oficialismo es el que se expresa en la agencia estatal "decía entonces en un reportaje.

Como era previsible, el oficialismo, en su afán de acaparar todos los espacios de poder dejará en la agencia Télam a toda una red de militantes camporistas que sirvan a sus mezquinos intereses políticos para continuar así condicionando al próximo gobierno.

Sin embargo ellos mismos acusan a sus opositores de tener un gran aparato de comunicación y ser manejados por "La Corpo".

Contradictorio e indignante, porque quienes en realidad están ubicando en todos los puestos claves de los medios, son ellos, y su afán de hacer oír y ver solamente lo que el "relato" sugiera como única verdad, controlando así el pensamiento de toda la población, típico de gobiernos autoritarios y dictatoriales.

Antes de irse, más que nunca, el kirchnerismo buscó controlar todo lo que se dice o escribe en el país.
Increíble, de película, de historia de terror. Pesadilla K. Sin palabras.

LA CAMPAÑA DEL MIEDO

Dentro del marco que caracterizó a todo el período previo a las elecciones presidenciales del 22 de noviembre de 2015 se vivió una gran "campaña del miedo" por parte del oficialismo, una campaña destinada a desprestigiar abiertamente al oponente, a denostarlo, difamarlo, rebajarlo y humillarlo ante la oposición, tomando nuevamente a la gente por tonta, e insultando su inteligencia pues dentro de todo lo que se dijo también obviamente, las mentiras fueron moneda corriente.

Sin embargo, en un momento dado, la presidente, como siempre en sus discursos majestuosos, delirantes e histriónicos, con su habitual verborragia y facilidad para dar vuelta las cosas, se refirió a una "campaña Cloaca" contra ella, porque de pronto en el medio de todo ese maremoto de insultos por parte del oficialismo hacia su opositor principal, Macri, se habló de su trastorno de bipolaridad, desde un libro escrito por un periodista, que también es médico y que realizó una investigación exhaustiva para llegar a las conclusiones que volcó luego en ese libro.

Pero, para ellos desde la óptica K, todo siempre puede ser rebatido y utilizado en contra de la oposición y por eso ella comenzó a n el marco de ese discurso a decir que era ella la víctima de una campaña que llamó: Cloaca, (yo a propósito, diría "KloaKa") por parte de sus opositores y detractores.

Efectivamente, Cristina Fernandez de Kirchner hizo nuevamente uso de la cadena nacional, para dar un discurso bastante encendido durante el cual, además de otras cuestiones, lanzó la pelota afuera, como es costumbre de este gobierno, y endilgó lo que llamó "campaña cloaca" yo diría: KAMPAÑA KLOAKA al partido cambiemos. Ja! insólito, es de locos, y parecería que sigue insultando nuestra inteligencia porque esa campaña sucia de la cual habla, la iniciaron ellos y cada día la hacen más grande, más pesada, más agresiva. Es increíble que lo niegue y que todavía en partes de su discurso diga que no hacen ese tipo de campañas.

Niegan como siempre lo que ellos hacen y se lo acreditan a sus opositores, es un juego de psicópatas, realmente.
Siempre pensando egoístamente en sí misma, Cristina se mostró ofendida hablando de esta campaña en la cual se hablaba de su supuesta enfermedad bipolar, olvidando que fueron ellos quienes realmente comenzaron a agredir a la oposición y su principal exponente Mauricio Macri.

Además de explayarse ampliamente y remarcar una y otra vez como es su costumbre, la palabra principal, objeto de su exposición: "cloaca" (KLOAKA), expresó sentir una gran preocupación por lo que pueda suceder el 10 de diciembre cuando ella deba dejar el sillón presidencial, alegando, casi de manera profética, pero continuando con la campaña BU "del miedo" , que podría suceder como en el año 2001 en el cual luego de haber votado la gente que se quejaba y estaba disconforme como ahora, asumió como presidente De la Rúa y a los pocos meses tuvo que dejar la Casa Rosada en helicóptero y dejando "un montón de muertos"….

Miedo, más miedo, o tal vez una alerta, ¿nos habrá querido decir que no nos atrevamos a cambiar? Que tal vez no convenga hacerlo porque ellos resistirán? Tuvo algo parecido a una "arenga a la violencia" solapada, sutil, como suelen hacerlo los sicópatas, una psicopateada fue eso, lisa y llanamente, fue eso, porque está diciendo que ellos no se van a ir, y que si sucediera lo que ya pasó en el 2001, que no debería suceder, porque se supone que todos crecemos individualmente y como grupo humano, como país, y que ahora tenemos la posibilidad de elegir bien y que ellos, si son demócratas, deberían aceptar la voluntad popular.

Todo esto parecía una profecía, y luego, revisando esto que escribí me encuentro un 3 de diciembre, a 7 días del 10, conque hay toda una campaña de resistencia armada por ellos, desde una Hebe de Bonafini que arenga a resistir en la Plaza de Mayo, hasta la posibilidad de que lleguen varios micros desde la provincia de Tucumán para impedir que se realice en paz la transmisión del mando, pasando por dimes y diretes de cómo sería el mismo y hasta a último momento, amenazas a quien es el encargado desde hace años, el orfebre Juan Carlos Pallarols, de enviarle a la policía si no entregaba el bastón de mando donde ellos le sugerían, y luego desmentirlo diciendo que fue un error o malentendido, como lo suelen hacer siempre. Dicen y se desdicen, y así siempre, bien de sicópatas.

Yo me pregunto, como ciudadana común, si yo no los voté, y tuve que soportar este gobierno por 12 años, durante los cuales, los padecí, pero los respeté y soporté, como muchos argentinos, decido cambiar y lo hago por medio de un voto, como lo marca la ley, sistema en el cual vivo, ¿No tengo derecho? ¿No estamos en democracia? Y si lo que yo elijo, es elegido por casi el 60% de la población, porqué los que no fueron elegidos van a combatirnos y no dejar al próximo gobierno elegido por voluntad popular ejercer su mandato en paz?

¿Es tan difícil entender que la gente se cansó y que quiere un cambio?

Es necesario que ahora, quienes no están de acuerdo con un cambio, tan necesario en nuestro país, comprendan que no son los únicos que habitan este suelo y que hay mucha gente que necesita tener la oportunidad de ejercer su soberanía sin temor a que ésta sea mancillada por violencia y agresión. Y que el presidente electo sea realmente el que elige la mayoría y lo dejen gobernar. El país necesita ser respetado y que todos podamos vivir en paz.

El domingo 1° de noviembre le preguntaron a Scioli en una entrevista telefónica si él consideraba que estaban haciendo una campaña de desprestigio, y dijo que no, cuando le preguntaron si conocía a Joao Santana, el gurú brasileño, que todos sabían que había venido especialmente para asesorarlo pero nuevamente negó conocerlo, también Agustín Rossi, ministro de seguridad, aseguró que "no hay campaña sucia" del Frente para la Victoria (FPV) contra el candidato a presidente de Cambiemos, Mauricio Macri, de cara al ballottage del 22 de noviembre.

Todo el tiempo desde el oficialismo se decía "No hay campaña del miedo, pero sí hay miedo en la sociedad, miedo a que Macri gane las elecciones, y no porque se lo hayan impuesto a la gente, sino por todo lo que Macri dijo durante su carrera", decía: "No hay campaña del miedo, pero en la sociedad hay miedo a que Mauricio Macri gane las elecciones"

Por supuesto y como es costumbre ya en el oficialismo, siempre negaron que hubiera una campaña sucia contra el candidato de Cambiemos, atribuyendo sin embargo todo eso al miedo que desde su punto de vista hay en la sociedad a que Macri ganara las elecciones dado que, siguiendo con el discurso ya conocido, los votantes tendrían que elegir entre sus propios intereses y el de las corporaciones. Ahí, otra vez, muy sutilmente, no tan burdamente como en otros casos, tratando de "insuflar" el temor.

Fue muy gracioso porque en las redes sociales finalmente, esto terminó haciendo viral una imagen de un fantasmita y el "BU"

Lo que sí quedó clarísimo fue que los electores que el 25 de octubre votaron un cambio, tenían miedo, sí, pero miedo a que siguiera el modelo que durante 12 años mintió, hizo crecer la desnutrición infantil y la pobreza, transformando en pobres a muchas personas de clase media, creó varias generaciones de vagos, desinformó, y acaparó los medios de difusión para contarnos su "relato", nos aisló del mundo y nos acercó a países como Venezuela, Cuba, Rusia, Irán, China, transformando al país en un centro de corrupción, narcotráfico, trata de personas, prostitución, se apoderó de la justicia, y tantas barbaridades más, que sí sucedieron, no me las contó nadie, las pude presenciar yo.

El oficialismo, para apoyar a su candidato, Daniel Scioli, montó una campaña de desprestigio increíble, inaudita, brutal, y gigantesca.

Todos sabíamos que esto pasaría… pero sinceramente, ¡la realidad superó a la ficción ampliamente. Han dicho tantas cosas, han mostrado tantas mentiras y han pretendido asustar a los votantes que resultó indignante.

Llegaron a viralizar un video (muy preparado, se notaba actuado) de YouTube donde una niñita que llora desconsoladamente porque Macri ganó o ganará y le pregunta a su madre si perderán los planes, o algo (lo cuento así rápidamente, porque quienes leen ya saben de qué se trata, no lo quise ver pues me indigna que se utilicen a niños, mintiendo, y se los haga actuar desde una mentira)

Han dicho de todo con respecto al probable triunfo en el ballotage de Macri, desde que liberaría a los represores de los 70, quitaría planes sociales, hasta que realizaría ajustes inusuales, y una larga lista de etcéteras que hasta cuesta escribir de tanta indignación que da.

Mentiras y más mentiras dado que, según se informó, fueron ellos mismos quienes se adelantaron a quitar planes en algunas provincias según se supo, amenazando a sus beneficiarios diciéndoles que solamente recuperarían el plan si los votaban en el Ballotage del 22 de noviembre. ¿Puede existir tanta bajeza?

Hicieron en unos pocos días, muchísimo más, y más dañino, pero a la vez tonto, que durante toda la campaña política de estos últimos años y para completar la infinita cantidad de barbaridades que se expandieron como un tsunami por todas las redes sociales, trajeron a Joao Santana, un estratega de los populismos latinoamericanos, especializado en campañas sucias, para asesorar al candidato oficialista.

Obviamente Daniel Scioli en siempre negaba todo, e inclusive decía no conocerlo además de minimizar, a su opositor, restándole total importancia, al no nombrarlo en ningún momento, refiriéndose a él como "el candidato de la Alianza" subestimando todo el tiempo a sus adversarios, a quienes en lugar llamarlos con el nombre que le habían puesto al partido: Cambiemos, se refería a ellos como como "la Alianza", comparándola con la de los 90, e insuflando temor de ese modo a la población que poco recuerda de aquella época y se dejan guiar por palabras e ideas superficiales pero que finalmente, calan hondo, pues fueron utilizadas de modo bien subliminal..

Yo me pregunto, ¿dará resultado un spot publicitario como este?: ¿Te imaginás el hambre? ¿Te imaginás quedarte sin trabajo?'

Y para completar, se atrevían a decir que la oposición tenía todos los medios a su favor, y que la gente se dejaba guiar por las noticias del grupo Clarín"

¿Realmente creen que la gente es tan tonta, que se la puede llevar de las narices como hacen ellos con sus seguidores a quienes mienten constantemente?

Son ellos los que, por el contrario, desde que acapararon la mayor parte de los medios televisivos, radiales y gráficos, a través de la famosa "ley de medios" que terminó favoreciendo únicamente al gobierno de turno, para poner a repetir lo que ellos querían que repitieran, periodistas, canales de televisión, radios y diarios, comprados con sumas millonarias de pauta publicitaria, pretendiendo manejar a la población con infamias y mentiras hacia la oposición.

Esta campaña del miedo, una campaña realmente sucia, fue creciendo a medida que pasaban los días, tomando ribetes insospechados e inusitados realmente.

Cada día que pasaba hasta llegar casi al ballotage, el día 22 de noviembre de 2015, algo nuevo sucedía que nos daba la pauta de que realmente no tenían límites en lo que querían hacer con tal de perpetuarse eternamente en el poder.

Repartir desde televisores, decodificadores, ropa, colchones, bolsones de comida, cargos, etc., todo lo que sea dirigido a personas a quienes compraban por un voto.

Se supo también que en varias universidades del país, habían amenazado al alumnado, de modo sutil o más agresivo, con perder todos los derechos y beneficios hasta ahora logrados si ganaba Macri.

 Estos eran condicionamientos que no tan sutilmente obligaban a votar al candidato oficialista porque en la mente de los estudiantes quedaría grabado el hecho de perder conquistas logradas hasta ese momento. Pero gracias a Dios, la gente no es tonta, dejamos de serlo!

Ha sido realmente indignante, dado que si esto continuaba, nos hubiéramos asimilado directamente a Cuba, porque si bien en ese país se jactan de tener medicina por ejemplo, gratuita para todos, y brindar una buena educación, no deja de ser un régimen dictatorial en el cual los médicos que no son simpatizantes del partido que gobierna desde hace tanto tiempo, no tienen posibilidades de desarrollo ni ningún tipo de beneficios para sus carreras.
.
Yo me pregunto, como ciudadana: ¿a eso queríamos llegar o a eso quieren llegar los ciudadanos que apoyan el pensamiento k y los regímenes populistas? Nunca lo entenderé, pues veo que hay gente inteligente en apariencia dentro de esos ciudadanos, y sin embargo, parecerían estar cegados, cerrados a cualquier pensamiento diferente, se dejan llevar por algo que evidentemente no ha resultado en ningún lugar del mundo, que ha fracasado sistemáticamente, y se ha visto en Rusia, en Cuba, ahora en Venezue-

la, en China, en Corea del Norte… en fin… no entenderé nunca, como pueden aspirar a un modelo de país así.

Sin embargo, constantemente se dicen siempre democráticos, y tildaban al futuro presidente, hoy ya elegido, Mauricio Macri, como de ultra derecha colocando al kirchnerismo como el único defensor de los derechos humanos, y sinceramente, quienes pensamos diferente, estamos convencidos de que es exactamente lo contrario. ¿De qué derechos humanos me hablan cuando un delincuente mata a un inocente y no es arrestado?

¿Dónde quedan los derechos de la familia de ese muerto o de la víctima del atentado?

Me pregunto nuevamente, como hace tanto tiempo y con sobrada y justificada indignación ¿hasta cuándo?

¿Hay derechos humanos para el resto de las personas? ¿O solo lo son para los delincuentes? ¡Y todavía se atrevían a cuestionar qué haría con los derechos humanos Macri! Con lo que el régimen kirchnerista le hizo a los derechos humanos! ¡Por favor!
Nos hartamos de ver mancillados los derechos humanos de la mayoría de la población desde todo punto de vista.

Son capaces de aceptar una derrota de bastante más del 50% de la población que está disconforme con estos 12 años de gestión?
¿De qué se trata la democracia? Porque desde mi humilde opinión, esto se parecía más a una dictadura, similar inclusive según sus oscuros métodos a lo que hacían en la época de la propaganda Nazi. Por eso seguramente el FPV no quiere que se enseñe historia Europea en las escuelas. Les convenía que los chicos no supieran nada y crecieran en la ignorancia total, así no podían comparar ni tener referentes externos. Siempre fueron buscando nivelar para abajo y no mirar hacia estándares más altos de educación, una vergüenza, en el estado que dejaron a los educandos, quedando los argentinos entre los últimos en cuanto a nivel educativo en el mundo.

El panorama desastroso que anunciaban desde el oficialismo en caso de que Macri ganase el ballotage del 22 de noviembre, (que finalmente ganó) superaba todo lo superable, tanto pero tanto se dijo de malo y negativo que un ministro de Salud, Daniel Gollán que se supone debería tener seriedad, imparcialidad, presencia, dignidad, honestidad, actitud impecable, sin embargo, no tuvo en cuenta su investidura para salir a tuitear por ejemplo, y luego lo borró aduciendo que lo habían hackeado : "Los 12 nuevos centros de radioterapia para tratamiento del cáncer continuarán adelante si Scioli es presidente. Pensá bien tu voto". ¿Es posible tanta maldad? Tanta falta de consideración por el prójimo? ¿Qué tomaron? ¿Qué brebaje extraño les dieron para mentir tanto y tan impunemente?
También el mismo ministro, habría publicado en algún momento cercano a ese famoso tuit borrado:

"¿Querés volver a los hospitales sin insumos, o al trueque, o al corralito o al 58 % de desocupación? Pensá bien tu voto. Macri es todo eso".

También en otra oportunidad planteó:

"Un millón de metros cuadrados nuevos de hospitales y centros de salud construidos en el país. Para que esto siga, Scioli debe ser presidente".

Luego este ministro llegó a decir, para eludir responsabilidades sobre lo que había tuiteado, que le hackearon su Twitter, tras la polémica despertada por el tuit donde asustaba a los enfermos de cáncer, en un mensaje en el cual advertía que los tratamientos oncológicos no continuarían si ganara Macri.

Qué fácil lo hacen los corruptos de siempre. Es fácil decir cualquier cosa parece y luego total aduciendo que me hackearon.

Pero lo terrible del caso es que en aquí no se trata de videítos de artistas de la farándula local que por cobrar notoriedad difunden para luego salir a decir que los mismos fueron robados de sus computadoras o teléfonos celulares.

Esto realmente fue muy grave, gravísimo. Se amenazaba con temas mayores, casi casi con la vida o la muerte. ¡Y eso no es un chiste! Parecía que ya no tenían límites. ¡Había y hay personas del otro lado!, ¡los votantes somos personas! Nunca debieron olvidar eso, y ¡somos personas que pensamos!, tenemos un cerebro gracias a Dios, y aguardamos la esperanza de que podamos seguir manteniéndolo pese a que cada vez parecería que con todo esto por lo que tuvimos que pasar estos doce años de kirchnerismo, nos quisieron volver locos. Hubo momentos durante esa campaña especialmente en los cuales muchos nos sentimos inmersos en una catarata de mentiras propias de gente psicótica. ¿O tal vez no nos habíamos dado cuenta y estábamos dentro de un gran siquiátrico, aparentando ser un país?

Todavía recuerdo las palabras de MK (sí, Máximo, el mismo, el heredero K, solo que no quiero nombrarlo porque no merece tanta prensa, a ver si se cree que es importante), él dijo en algún momento de esta maldita campaña sucia:

"Nada bueno puede venir de Macri", yo sin embargo y con justificadas razones, ahora más que nunca puedo afirmar, todo lo contrario, sin temor a equivocarme y sabiendo que muchos más piensan como yo: "Nada bueno puede venir de un fanático K".

Nunca hicieron un poco de mea culpa ni reflexionaron un poco antes de hacer o decir algo, asustando a la población más vulnerable y necesitada, a aquellos que no pueden pensar bien porque tal vez están desnutridos o mal alimentados, asustados por perder su única fuente de ingresos, a aquellos que no tienen formación o educación y no pueden darse cuenta de quienes mienten.

Hay algo que nunca se debería olvidar y es que un país es de todos, sean macristas, kirchneristas o de cualquier otro partido. Convendría pensarlo.

Los argentinos en su gran mayoría, queríamos un cambio y esperamos ese día, el 22 de noviembre de 2015, que quedará en la historia para siempre como el día más feliz para una gran mayoría de argentinos, porque ese día muchos que veníamos sufriendo durante larguísimos 12 años, recuperamos la alegría y la esperanza, lo cual, no es poco.

En un país como el nuestro si todos fuéramos para el mismo lado y en el mismo sentido, ganaríamos todos. Ha sido y es una lástima que se desperdicie tanta energía en crear caos, que es lo siempre hicieron desde el modelo kirchnerista, hasta el último momento. Hasta antes de dejar el poder Vergonzoso.

Metodologías burdas, viles, sucias, bajas, si las hay, y podría seguir nombrando sutilmente miles y miles de adjetivos calificativos negativos para la campaña que hicieron, a partir del día 25 de octubre en que claramente se despertaron y se dieron cuenta que la gente de este país, aún piensa, y que quienes ellos creían que los votarían ya no los votaron y les dieron la espalda y que podían llegar a perder el poder, la impunidad, y todo lo que lograron en la famosa "década ganada" (para ellos, pero no para el 52% o más de los argentinos que pedían a gritos un cambio)
El país, o la mayoría, de los habitantes de la Argentina, eligieron librarse de tanta confrontación, difamación, mentiras, corrupción y poder vivir finalmente en paz, en armonía, en alegría.

 EL miedo fue siempre a que se queden, porque entonces sí, el retroceso hubiese ido mucho más allá de los 90.

EL CAMBIO ESTÁ LLEGANDO

Faltaba muy poco para que todo cambiara, para bien o para mal, todo cambiaría, y como todo cambio, habría que "atravesarlo", así se suele decir en términos espirituales.

Me planteé durante mucho tiempo si escribir sobre temas políticos, me aconsejaron que no lo hiciera, que "no me metiera" en esos temas, que "de política no se habla" porque genera brechas, grietas, peleas, discusiones, encontronazos.
Es verdad, creo que sí, que así fue hasta ahora, hasta hace muy poco en realidad.

Mi primera experiencia votando fue en las elecciones presidenciales de 1983 un domingo 30 de octubre, y fue una ocasión especial pues era el regreso a la democracia luego de vivir bajo la dictadura desde el año 1976.

En dichas elecciones triunfó el candidato radical Raúl Alfonsín, y todos festejamos, porque sentíamos que tendríamos libertad, que estaríamos muy bien, y que todo marcharía sobre rieles…

Éramos, los de mi generación, muy jóvenes y sobre todo, inexpertos en estos temas, pero también los políticos cometieron errores.

Por más que fue una democracia, mucho distó de ser un lecho de rosas, pues sobre el final de ese gobierno de Alfonsín que había sido tan esperado, hubo una terrible hiperinflación que nos sumió en la desesperación a muchos enriqueciendo a los oportunistas.

 Luego vino Menem, (en los famosos 90) y tuvimos diez años de estabilidad aparente, nada aumentaba de precio, y luego de haber pasado por la hiperinflación, eso parecía una panacea, hasta que nos dimos cuenta de que no era algo bueno, que se había perdido mucho, y que en realidad todo fue ficticio, un blef, en definitiva.

En el medio todos fuimos creciendo, así parece, como sociedad, como grupo humano, y como debe ser, hemos cometido errores.

Luego de Menem y sus diez años de estabilidad, vinieron tiempos caóticos, convulsionados, y todo comenzó a desbarrancarse. En nombre de la democracia se hicieron muchas cosas, y una de ellas, la principal y la más terrible fue la de querer perpetuarse en el poder, la soberbia, el pensar que la verdad la manejaban ellos.

Hablo de la era Kirchnerista, obviamente, que comenzó en el año 2003.

En ese momento, se presentaban como una fuerza nueva, con muchas ideas, con muchos proyectos, pero luego todo eso se fue deformando, y crearon un monstruo, una fuerza que se les fue de las manos, un Frankestein, metafóricamente hablando.

Se perpetuaron, hicieron uso y abuso del poder, pensando que el país era de su propiedad.

Así lo fuimos sintiendo ante cada noticia, diariamente, sobre impunidad, corrupción, mal manejo de los fondos públicos y todo lo que hemos vivido desde entonces.

En cada una de las elecciones que tuvimos cada cuatro años durante ese período, yo, como mucha gente, que recién conozco ahora, no creía en ninguno, sentía que nos utilizaban, que de nada valía mi voto, pero votaba, siempre con mis convicciones y dentro de lo que se podía elegir.

Sin embargo, no encontraba un lugar de pertenencia dentro de las fuerzas políticas, dentro de los diferentes partidos, no me sentía reflejada en ninguno, y pensaba que, de todos modos, siempre la corrupción y el fraude imperante como moneda corriente harían de mi voto algo inútil.

Faltaba que alguien, que venía preparándose durante todo este tiempo, reuniera a todos aquellos que como yo, estaban tan disconformes y tuvieran la suficiente fuerza para derrocar al "modelo".

EL PAÍS QUE TODOS QUEREMOS

El día 25 de octubre de 2015, luego de las elecciones que permitieron definir quiénes serían los candidatos presidenciales que irían a un ballotage, para la Argentina, indudablemente fue un día histórico, pues marcó un antes y un después, una diferencia abismal, no fue esa una elección más, dado que finalmente la gran mayoría de la gente decidió que quería un cambio.

Creo que nos dimos cuenta que éramos muchos los que queríamos otro país, queríamos un cambio y este cambio parecía venir de la mano de alguien que hacía mucho tiempo venía luchando y demostrando que quería hacer las cosas de un modo diferente, ese hombre fue Mauricio Macri, quien fue finalmente el Elegido, el hombre clave de este tiempo, no solo para la Argentina, según mi parecer sino para toda Sudamérica, por los cambios que traerá aparejado su mandato en toda la región.

Creo que en lo que la mayoría de los que votamos este cambio coincidimos es en que:

Queremos un país libre de corrupción, donde el poder judicial pueda cumplir su verdadera función, independientemente del poder ejecutivo y el poder legislativo dicte leyes coherentes, no a gusto y piacere del consumidor, léase, gobierno de turno, como sucedió durante estos últimos años

Queremos un país en donde se pueda caminar por las calles libremente, tomar un medio de transporte y no ser asaltados, amenazados, asesinados por mucho o poco que tengamos en la billetera, cartera, mochila, etc.

Queremos un país libre de narcotráfico, donde los adolescentes puedan crecer sanos física y mentalmente, donde no haya amenazas constantes a su integridad por caer en manos del flagelo de la droga.

Queremos un país donde se respete al que opina diferente, y no se persiga a la oposición, de ninguna manera, principalmente que se garantice la libertad de pensamiento en el ámbito laboral, dado que en los últimos años solo quien pensaba como el oficialismo consiguió trabajos decentes y quien tenía un trabajo y pensaba diferente o se tenía que callar o era perseguido.

Queremos un país en el cual los medios de comunicación sean independientes, y no comprados por una sola persona, como en el caso del empresario ultra Kirchnerista Cristóbal López, que compró todos los medios de comunicación para enfrentar a la oposición, impidiendo a toda la población disfrutar de una programación apolítica, dado que desde uno u otro lugar siempre la información ha sido tendenciosa, errónea y direccionada unilateralmente hacia el kirchnerismo en todos los medios manejados por él. (Como sucedió el día de las elecciones en C5N, que daban por ganador y futuro presidente a quien estaba perdiendo, Daniel Scioli, candidato oficialista, ¡terrible e inolvidable papelón!)

Queremos un país en donde se investigue a funcionarios corruptos y sus delitos sean debidamente castigados y no que se paseen por nuestro país y el mundo como señores feudales, reyes o grandes empresarios millonarios, mientras en el país hay gente que padece muchísimas necesidades básicas, y niños que mueren por desnutrición.

Queremos un país en el cual quien nos gobierne, nuestro presidente, sea una persona íntegra, honesta, humilde, libre de necedad y soberbia, tan característicos de quienes gobernaron nuestro país durante 12 años, pero que actúe con la firmeza necesaria para acabar con la corrupción, el delito y el narcotráfico.

Queremos un país donde haya cuentas claras y no nos mientan, porque la población no es tonta, sabemos que hay inflación y mucho mayor de la que nos quieren mostrar porque somos quienes vamos a comprar, no tenemos empleados que compren por nosotros, y somos quienes tenemos que caminar hasta encontrar un precio que podamos pagar por algo que tal vez debería costar la mitad o tener un precio estable y parejo en todos los negocios.

Por último, creo que todos queremos un país mucho mejor que el que tenemos porque sabemos que tiene un infinito potencial y es un país rico y grande.

Si bien sabemos que se hicieron algunas cosas buenas durante el período de gobierno kirchnerista, quienes lo padecimos por 12 años somos conscientes de que son tantas las que se hicieron mal, tanta la corrupción, tanta la suciedad, tanto lo que nos lastimó a miles de argentinos, que sabemos que no tenemos miedo a que venga alguien que realmente ha demostrado y demuestra que quiere un verdadero cambio, y que quiere mantener y mejorar o que se hizo bien.

Siento que durante los 12 años de "Kirchnerato", volviendo a apelar al término tan gráfico empleado por Alfredo Leuco, hemos estamos viviendo en una especie de sueño del cual uno quería despertar, pero en los cuales parecía que nos tenían amarrados y no podíamos abrir los ojos, o gritar o movernos, porque era terrible todo lo que estaba pasando.

El país se había transformado en un lugar en el cual los corruptos, la gente realmente "mala" de la película, es quien tiene la última palabra y todas las ventajas, y quienes queríamos hacer las cosas bien cada día estábamos más sojuzgados, maltratados psicológicamente por un estado que cada vez se hacía más dueño de todo, y un gobierno que pensó que era dueño del Estado, y no al revés, como debería ser una verdadera democracia. Y esto fue hasta el último minuto de mandato K, increíble, terrible, pero real.

Ahora, a partir de esta posibilidad que nos han brindado las últimas elecciones, tenemos una esperanza inmensa de un cambio real.
Si bien sabemos que habrá mucho para cambiar, y que han dejado un tendal de cuentas pendientes, nos han endeudado a más no poder, han nombrado empleados estatales a mansalva, solo para molestar y ocupar puestos de trabajo que significarán dinero nuestro, dinero del estado para personas que quizá ni siquiera cumplan una función dentro del trabajo que les ha sido asignado.

Pero el pueblo, el verdadero soberano, se hartó de tanta impunidad, de sentir vergüenza de quien nos representaba como presidente de todos los argentinos, y hacía lo que quería con un país como si hubiera sido su juguete, que se paseaba por el mundo alojándose en hoteles de lujo donde por lo que ella y su comitiva pagaban una sola noche de alojamiento podría haber alimentado y ayudado a niños que mientras tanto se morían por desnutrición en el Chaco o en alguna otra provincia del país, sin subsidio ni ayuda alguna por parte del gobierno . Nos hartamos y dijimos ¡BASTA!

Un gobierno tirano que pretendió imponernos una ideología marxista-leninista y muchas veces hasta rayana a las de la época de la propaganda nazi. Y después se llenaban la boca hablando de los derechos humanos para acercar a gente que solo ve las formas y no el fondo de la cuestión, gente inteligente sin embargo, que nunca entendí como pudo estar o siguen estando tan cegadas por el "relato K".
Los seguidores del famoso "modelo" han sido siempre muy necios y negaron todo lo que saltaba a la vista de cualquiera, parecían tener un lavado de cerebro, no se podía entender que gente que uno creía inteligente, apoyaran tan ciegamente ideales tan abyectos, obtusos y necios.

Insultaron e insultan nuestra inteligencia, mintiéndonos sobre cosas que saltaban a la vista, como la inflación, el narcotráfico, la corrupción y demás cosas que ellos niegan sistemáticamente haciéndonos pensar que solo imaginamos, o que nos lo cuenta Clarín o TN y nosotros como tontos lo creemos. ¿No sería al revés?

Las cabezas que piensan para el bien o para el mal, manejan a todo el resto.
Eso siempre fue y será así, lamentablemente. Si el ser humano fuera más evolucionado, todas estas diferencias ya no deberían existir.

Los argentinos nos merecemos un país mejor, y creo que aún estamos a tiempo de tenerlo.

Siempre creí que Macri era el hombre del cambio que la Argentina necesitaba, y su equipo, un ejemplo a seguir pues él ha sabido liderarlos y transformarlos en un grupo sólido y fuerte, y ha demostrado con obras en la capital del país, todo lo que pudo hacer.

Él fue el único en quien creímos muchos y actualmente como yo, hay mucha gente que se siente orgullosa de que él nos represente ante el mundo, pues eso necesitamos los Argentinos, un presidente del cual sentir orgullo, ya que hasta ahora no lo hemos tenido.

En la Argentina venimos luchando desde siempre entre Radicales y Peronistas, gente de Izquierda y de Derecha, ahora Kirchneristas y Macristas, y quien sabe cuánto más nos queda aún por ver.

Deberían terminar con esto de las divisiones. Detenerse a pensar, entre todos aquellos que tienen poder de decisión para organizar más unión entre todos, que casualmente es lo que propone desde que comenzó a postularse Mauricio Macri.

Creo que es importante la política desde la unión y la ética, desde el querer estar al servicio de una República, de la honestidad, del trabajo genuino, de la función pública realmente, no figurativamente, desde el fondo , y no desde las formas, desde el hacer las cosas bien, mirando hacia el futuro, sin olvidar el pasado, pero mirando hacia el futuro, reuniéndose con países en los cuales las cosas van bien, han crecido y mejorado.

Me refiero a no nivelarnos con países en los cuales se persigue a la gente que piensa diferente, se los obliga a hacer colas para comprar lo indispensable para vivir, se encarcela a los honestos y se deja libres a los delincuentes, donde se cansa tanto al pueblo que se lo termina oprimiendo, eso no es una vida digna, eso no es de gente buena, eso es de dictadores, que no me vengan a hablar de países socialistas, eso no lo es, eso es populismo y dictadura, por más que se digan "revolucionarios", ¿a quienes ayudan?¿realmente creen que eso es de avanzada?

¿Realmente alguien que piensa sanamente cree que habiendo estrechado relaciones con presidentes como Chávez o su sucesor Maduro, con pactos con Irán, o poniendo una base militar China, regalándoles prácticamente el sur de Argentina, hipotecándonos por años, el país creció o crecerá?

Hablan de despegarse e independizarse del imperialismo yanqui, pero nos acercan más a Rusia y a China? ¿Realmente piensan que eso es mejor? ¿Qué es de avanzada? ¿Alguien cree que eso es positivo para nuestros hijos y nietos?

Creo que es mucho más peligroso, acercarnos al comunismo, en principio porque es un modelo que ha fracasado en el mundo, y los países a los que el modelo kirchernista nos quiso acercar no tiene ni cerca la idiosincrasia de nuestro pueblo, nuestros principios, nuestros valores, nada en absoluto.

Hablo siempre en lo político, no debe ser tomado como algo discriminatorio sino desde lo político, exclusivamente.
Yo no quiero un país como Irán, Rusia, China, Corea del Norte!
No quiero comunismo en mi país, no me interesa, y creo que la mayoría del pueblo argentino es contraria a esos regímenes, de por sí, de lo más vetustos y probadamente fracasados en el mundo.

Que la gente que salió a hablar y a difamar a nuestro presidente electo lanzando a modo de ofensa que era de ultra derecha, piense que país quisiera ver en un futuro. Ser de izquierda no es ser de avanzada, porque la izquierda no ha sido buena para los países que han tenido ese modelo y salta a la vista, pueden ver lo que ha sucedido en Cuba, en Venezuela, en Rusia, en Corea del Norte, en China, por favor, ¿realmente la gente que sigue a la izquierda quiere eso para sí mismo?
¿Quieren eso para su país y para su gente?
¡No me joroben! Por decirlo elegantemente!

Hablo de todo esto, porque nuestro país si continuaba el modelo kirchnerista, o lo que es peor, "profundizaban el modelo", frase preferida de la presidente saliente, iba camino a ser igual o peor que Venezuela, Cuba, Guatemala, Rusia, Corea del Norte, China, etc.

El modelo de país que tantos argentinos como yo quieren, y por eso ahora tantos se involucraron, difundieron e hicieron campaña espontáneamente por Mauricio Macri, es un país de verdad, un país donde haya educación, crecimiento, trabajo digno, fábricas, industria, campos trabajados y produciendo, exportaciones, cultura, y mucho más, y sabemos todos perfectamente quienes son los que pueden lograr eso.

¿A eso le llaman ser Gorila? ¿A eso le llaman ser de derecha? ¿A eso le llaman ser Oligarca? Bueno, entonces, lo seremos. Pero no se llamen ustedes de izquierda, desde la presidente saliente que no repitió un modelo en 12 años de gobierno, ni de zapatos, y toda su vestimenta siempre ha sido carísima, hasta los autos, casas y propiedades declaradas y no declaradas adquiridas por ella y por la mayoría de sus funcionarios y familiares…

¿Eso hacen los de izquierda? ¿Roban al pueblo para enriquecerse mientras la gente se muere de hambre, niños mueren por desnutrición o no tienen lo mínimo indispensable para vivir? ¡Qué bien!

Prefiero ser Oligarca, Gorila, de extrema derecha, o como quieran llamarme entonces...lo seré a mucha honra.
 Los considero ridículos en todo su pensamiento supuestamente de "avanzada" ¡por favor!

Por eso, entre todos los que votamos por un cambio, elegimos un país diferente, queremos un país honesto, donde se respete a la gente, y no se le mienta, haciéndoles creer que luchan por los pobres, cuando lo que hacen es llenarse de dinero los bolsillos, a manos llenas.

Sabemos que lo que le espera a nuestro país, a partir del 2016 no será una tarea fácil, y que tendremos que hacer las cosas entre todos, poniendo cada uno su granito de arena, como ahora, pero con energía positiva, esa que nos devolvió a muchos el equipo de Cambiemos con el liderazgo de Mauricio.

EL ELEGIDO

Siempre supe que Mauricio Macri sería "El Elegido" , en el sentido de elegido por el pueblo, por la gran mayoría que tenía tanta sed de cambio, de verdad, de honestidad y transparencia en la gestión, de justicia y de alguien que demuestre que se puede gobernar desde la paz y no desde la confrontación constante, desde la verdad y no desde la mentira, desde la austeridad y no desde la ostentación agraviante como lo hizo este gobierno, despilfarrando millones o billones de dólares del pueblo, en su gestión, ya sea en viajes, nombramientos de a miles a amigos y parientes o genuflexión, hasta el último momento de mandato, en propiedades que hicieron ricos en un mes a personas que trabajaban como empleados del estado, y más etcéteras que indignan sobremanera.

Los argentinos nos merecemos un país mejor, y creo que aún estamos a tiempo de tenerlo y muchos bregamos porque esto pueda suceder.

Creo firmemente, que Mauricio Macri y su equipo, serán quienes podrán llevar adelante a este país, no sé cómo, seguramente con la ayuda de todos los que queremos que las cosas mejoren, seguramente no será fácil, porque el endeudamiento que le dejarán estas personas que hoy nos gobiernan, es inmenso dado que a último momento se realizaron nombramientos en puestos estatales que significarán un mega- gasto público muy importante.

Sin embargo él es el único desde mi punto de vista, creíble, honesto, transparente , que nos demuestra que hay una esperanza, que todavía podemos creer en que un cambio positivo es posible para la Argentina, que no todo está perdido.
Él es quien con su discurso nos llena de esperanzas, y su sinceridad y transparencia se ven genuinas.

Hubo y hay personas que habitualmente seguían mi tarea y leían mis artículos, que no estuvieron de acuerdo, con casi nada de lo que yo tanto creía, cuando comencé a publicar y compartir en las redes sociales mi pensamiento.

Sentí en ese momento que muchas personas están muy atrapadas aun en el relato Kirchnerista que les habla de inevitables devaluaciones, (cuando durante los doce años de gobierno k, la devaluación y la inflación fueron una constante) pactos con el FMI y los fondos Buitre y etc., y que me cuestionaron el que yo crea tanto en este candidato presidencial, sin embargo, a ellos les explico que creo genuinamente en él, porque siento que no nos defraudará, como hemos sido defraudados por tantos gobiernos.

Él para mí es el hombre del cambio, y su equipo, un ejemplo para seguir pues ha sabido liderarlos y transformarlos en un grupo sólido y fuerte, y ha demostrado con obras todo lo que quiere hacer, es el único en quien puedo creer y me sentiría orgullosa si me representara ante el mundo, pues eso necesitamos los Argentinos, un presidente del cual sentir orgullo, y hasta ahora no lo hemos tenido.

Hace mucho tiempo cuando Mauricio Macri recién comenzaba su gestión como jefe de gobierno de la ciudad y sin saber nada de política y luego de ver como hacía cosas por la ciudad de Buenos Aires, yo comencé a sentir que realmente quería tener un presidente como él, y luego él, pasando por miles de trabas, que fui observando le ponía la presidente, fue derribándolas una a una, con paciencia, y sin bajar los brazos, no se rindió ante nada, y ese es el presidente que yo quiero para mi país, un presidente que nos ayude a salir del pozo y que nos de la mano a todos para crecer, y espero que realmente podamos tener esa alegría, cuando comience a ejercer su mandato y que lo dejen hacer, sin ponerle trabas como lo están haciendo durante estos días de transición.

Cuando comencé a conocer la labor de Mauricio Macri y todo su equipo, en la distancia, por no vivir actualmente y desde hace 17 años en la ciudad de Buenos Aires, supe de su tarea y los cambios positivos realizados allí y como lo he expresado en varias oportunidades, seguí su trayectoria, desde aquella época en la que toda ayuda y apoyo le eran negados por parte de la Presidente.

Lo que me hizo tener más fe y creer en él, fue ver todo lo que logró desde el gobierno de la ciudad, gracias a su tenacidad y persistencia y a no bajar los brazos, a no rendirse, todo lo que fue logrando con mucha paciencia, esfuerzo, tesón, aunque sus detractores y opositores digan que no hizo nada, o que solo trabajará para los ricos si es elegido.

Mientras tanto, y de eso me enteré hace muy poco tiempo, poca gente sabía que él donaba íntegramente su sueldo de Jefe de Gobierno de la Ciudad al comedor de Margarita Barrientos.

Me pregunto si alguien del gobierno kirchnerista, ha hecho lo mismo alguna vez, me refiero a donar una parte aunque sea, de su sueldo o de lo que tanto ganan, a algún comedor, a hacer alguna obra de bien.

Yo no soy rica, ni mucho menos, y tampoco pude disfrutar de nada de lo que Mauricio Macri hizo en la ciudad de Buenos Aires, porque no resido en la capital desde el año 1998, pero a través de comentarios de otras personas que sí viven allí, o de publicaciones en diarios y en internet, ahora que todo está tan globalizado, me enteré de su obra y a partir de ese momento supe que quería tener un presidente así que pueda hacer por el país lo que hizo por la ciudad. No por mis propios intereses pues jamás esperé ni espero nada de nadie, y menos de un gobierno, pero sí espero que un gobierno me dé tranquilidad, educación, seguridad, avance, crecimiento y dignidad como ciudadana.

Supe que Mauricio Macri, desde sus comienzos en la política en el año 2003, tuvo que atravesar un largo camino y llegó a este año, 2015, con mucho esfuerzo. Fui testigo silenciosa de su lucha, y he seguido como ciudadana, paso a paso, como tantos otros lo hicieron, la campaña honesta que hizo Mauricio , he visto como habló con mucha gente, como fue a sus casas, como se contactó con toda la gente que quería un cambio, como se sentó a sus mesas.

Con mi marido quisimos invitarlo, pero confieso que todavía en ese momento sentíamos miedo como para animarnos a hacerlo, porque en donde vivimos imperaba el kirchnerismo, y antes el peronismo, que había gobernado toda la vida, siendo casi imposible desterrarlos, como si fuera algo inevitable.

Pensábamos que si lo invitábamos a nuestra casa nos marcarían como diferentes, y nos harían la vida imposible, teníamos mucho miedo, casi como si estuviéramos en una dictadura, porque sabíamos que hubo personas amenazadas por apoyar a un candidato que no fuera kirchnerista, que no podían opinar diferente porque los alertaban de alguna manera, entonces nos perdimos la posibilidad de recibirlo, pero sí nos hubiera gustado mucho. Sin embargo y gracias a tanta necesidad de cambio, en las elecciones por intendente y gobernador, ganó el partido Cambiemos, que nos bendijo con María Eugenia Vidal como gobernadora de la provincia de Buenos Aires y un intendente radical, Carlos Ronda, sentimos un gran alivio.

Nos arrepentimos mucho por no habernos animado, y a partir de ese momento, al ver los resultados de sus visitas, de su trabajo de hormiga, de lo que habían logrado hacer junto a su gran equipo, algo dentro mío hizo un clic, como cuando uno despierta, y cuando eso sucede, al menos a nivel espiritual, que es el tema que yo manejo con más claridad, no hay vuelta atrás, todo cambia, y para mí , cambió definitivamente la percepción de lo que yo tenía que hacer al respecto.

Además, ví en Mauricio Macri y en su equipo, a gente honesta, gente que en su mirada expresaba sinceridad, transparencia, ganas verdaderas de trabajar, de hacer cosas buenas por la gente, actitud de servicio, y siento que eso es real, no una pose ni algo estudiado.

Por eso decidí jugarme, de alguna manera, desde mi lugar, que es mi fuente de trabajo, el lugar donde estoy la mayor parte del tiempo, donde público, donde me conecto con la gente que me sigue, que pide mis terapias o mis cursos, o mis libros y de pronto, me encontré, sin habérmelo propuesto, muy sutilmente sumergida en una campaña de apoyo a quien mucha gente y yo quisimos, que fuera nuestro presidente, que conduzca nuestro país, que nos represente, porque yo sí lo elegí y lo elijo.

Por otra parte, Mauricio Macri, representa los ideales que tengo, la educación que recibí, la formación que todos deberían tener, la ética, y la transparencia, por más que haya muchos detractores que lo han defenestrado, yo sigo creyendo en él porque me parece sincero y coherente en su discurso, además de humilde para expresarse y transmitir su palabra sin querer imponer sus ideas, sin difamar, sin ofender, sin lastimar a otros.

Lo digo convencida, no porque alguien me lo haya machacado ni me haya tratado de convencer, me gusta su compromiso, su integridad, y creo profundamente en todo lo que propone, porque lo hace desde la verdad, desde un lugar de humildad, sabiendo que es falible, pero confiando en su equipo, y habiendo formado un equipo con personas confiables, serias, transparentes.

Pido diariamente que haya paz y luz en todos los argentinos.

Pido por quienes no vieron realmente con claridad lo que pasa, o lo que ha pasado durante todos estos años, quienes se dejan llevar por las mentiras y la difamación de personas inescrupulosas, de gente que quiere perpetuarse en el poder, y ruego que puedan darse cuenta, que puedan razonar y pensar cual es la verdad realmente.

Les pido que crean, que crean en lo que Mauricio dice que hará porque sé que lo hará, o al menos lo intentará con todas sus fuerzas, y yo, con mis convicciones espirituales, sé que lo que se intenta con mucha fuerza y energía positiva, como la que él pone en lo que hace, termina haciéndose realidad.

Habrá que tener paciencia, dar tiempo al tiempo. En el mundo espiritual, todo llega a su tiempo, en el momento justo, ni antes, ni después de lo que uno necesita.

Pienso por eso que él es El Elegido, por eso el nombre de este libro, porque creo que llegó justo cuando el pueblo, el Soberano, maduró y supo decir BASTA a tanto dolor, tanto atropello, tanta impunidad.

Cuando esa gente del campo, pisoteada, vapuleada, salió a las rutas, a manifestarse, cuando llegó De Ángelis, cuando se transformó en el portador de la voz de tantos propietarios y trabajadores del campo, cuando la gente indignada salió a las calles a golpear cacerolas, una y otra vez, sin ser escuchados…, y hasta recibieron burlas de los kirchneristas que los llamaban burlonamente "caceroleros".

Fueron gritos de dolor, de una Argentina que no podía más, que estaba muy cansada de tantas mentiras, había indignación, y mucha impotencia, pero finalmente, los argentinos despertamos de ese sueño y recordamos que teníamos una República, y había que luchar por ella.

En el medio de todo eso, hubo muchas personas a las cuales tenemos que agradecer infinitamente, como Lilita Carrió, quien con su valentía y honestidad a cada momento desde hace años venía denunciando actos de corrupción, soportando que le dijeran de todo, los periodistas como Jorge Lanata, quien principalmente realizó tantas investigaciones que nos mostraron tantas verdades, Los Leuco, Marcelo Longobardi, Luis Majul, Nelson Castro, entre otros, que de pronto olvido nombrar.

Cada una de ellos fue un granito de arena en este desierto que atravesamos, y luego nos condujeron al día de hoy, en que nos sentimos libres, sabiendo que esa libertad cuesta, como siempre, cuando se lucha por ello, luego uno tiene que acomodarse, tiene que saber hacer uso de esa libertad, pero finalmente se es libre, y lo somos ahora, y seguramente Nunca Más la Argentina querrá un régimen como el que tuvimos, no querremos más gente corrupta en el poder, no permitiremos más que manipulen el pensamiento y quieran imponer sus ideas a los niños o adolescentes para usarlos a su favor, ahora, el pueblo maduró, recuperando la República haciendo uso del arma más poderosa que tenemos y que ahora la aprendimos a usar: La Democracia.

EL HOMBRE GRIS

Confieso que este libro en principio había sido pensado con ese título, pero luego de escribir un artículo, el 24 de octubre, un día antes de las elecciones cruciales del año 2015, comencé a ver que en diferentes portales, que muchos comenzaron, a escribir sobre Mauricio Macri como el hombre Gris.

Entonces, para no cansar con el mismo tema a los lectores, decidí que podría escribir sobre los pasos que me llevaron a pensar en él como el Elegido, y por eso el nombre además de saber que realmente es el hombre de quien hablaba Benjamín Solari Parravicini.

Desde el año 2007, cuando Mauricio Macri asumió como Jefe de Gobierno de la Ciudad de Buenos Aires, ví en él al famoso hombre Gris de las profecías.

Esta es entonces, mi humilde interpretación de la profecía sobre el Hombre Gris, una de las profecías a mi modo de ver más importantes del autor para la Argentina, y que aquí brevemente, quisiera ofrecer como corolario de este libro.

Pensé mil veces antes de decidir si escribiría o no sobre este tema, y finalmente lo decidí. Lo supe hace mucho tiempo. Tuve percepciones, mensajes, y sueños durante todos estos años sobre este tema, el Hombre Gris.

Sin embargo pasaron días, semanas, meses, hasta que finalmente colmada ya de tanto que quiere salir y no lo dejo, comencé a expresar tímidamente mis opiniones políticas, y más específicamente de apoyo a Mauricio Macri, en las redes sociales.

En principio mi participación fue muy tímida, dado que a mis seguidores seguramente les sorprendería la vuelta de timón que mi barco estaba dando, pero luego ya abiertamente, más cerca de las elecciones de Agosto, las famosas Paso, que marcaron alguna diferencia en estos tiempos tan politizados, comencé a darme cuenta de que era imperioso dar a conocer mis opiniones aun cuando no tuvieran que ver con los temas que habitualmente yo tocaba o difundía.

Y sucedió que había para gran sorpresa mía, mucha más gente de la que yo pensaba que estaba en mi misma línea de pensamiento, y coincidía con mis ideas en cuanto al candidato presidencial, no solo en lo que se refiere al hombre de las profecías concretamente, sino a que era el único referente confiable para la gente.

Luego con mucha más fuerza durante las elecciones del 25 de octubre, tan esperadas para nuestro país, fui parte activa y me sentí orgullosa de haber apoyado tanto a que las cosas cambiaran, para bien y con mi posición ya tomada, a favor de Mauricio Macri, estuve totalmente convencida de que es él desde hace mucho tiempo el hombre que en su momento vaticinaron las profecías de Benjamín Solari Parravicini.

La primera imagen me surgió es la del Hombre Humilde, porque desde un principio ví y veo a Mauricio Macri como alguien humilde en la expresión de sus ideas, alguien que deja hablar a la gente de su equipo, que sabe escuchar, alguien a quien no le interesa atribuirse todos los logros y que deja que otros se destaquen.

H H. El Hombre Humilde – El H. H. se allega a las Argentinas unificadas y gobernará en Caridad y Amor.

Lo ha hecho con la gente de todo su equipo. Parravicini dice allí que gobernará con Caridad y Amor. Y creo que es lo que hizo Mauricio Macri en la ciudad de Buenos Aires, y por eso siempre en el ámbito de la Capital del país, su partido político, ha ganado las elecciones, incluyendo estas últimas.

Creo en él como el único candidato que me ha llegado por su sinceridad, honestidad, transparencia, por su comportamiento de siempre en todas partes, por la familia que ha formado con Juliana Awada, por su respeto, porque siempre ha demostrado que no baja los brazos ante nada y ha dado sobradas pruebas de saber hacer las cosas y querer hacer las cosas bien.

Reitero que nunca antes me había interesado la política, jamás quise entrometerme y menos aún, teniendo un trabajo que tiene que ver con algo totalmente opuesto, con algo que ni siquiera debería rozarse con temas como la política que siempre ha sonado a sucia, a tramposa, belicosa… sin embargo, me fui dando cuenta, tal vez un poco tarde, que es necesario tomar partido, y no solo actuar a través de un voto que puede ser o no escuchado dado que por ínfimos puntos y diferencias, puede ganar aquel que tiene un pensamiento y forma de dirigir los destinos de mi país totalmente diferente a como yo y tanta gente quisiera.
Nadie me ha influenciado, porque como dije antes, desde el año 2003 sigo la trayectoria de Mauricio en el ámbito político

Por mi profesión y mi vocación, siempre veo detrás de todo, en lo subyacente de todas las cuestiones, lo espiritual, lo místico y esotérico, y eso involucra pensar en lo que puede haber detrás de todo esto que está sucediendo hace tanto tiempo, pues esa soy yo, y así me expreso, y creo finalmente que todo tiene que ver con todo, y hay muchísima influencia del mundo mágico en lo que nos está pasando.

A raíz de ello y desde hace muchos años vengo pensando y me resuenan mucho las profecías de Benjamín Solari Parravicini y muy especialmente aquella tan famosa y sobre la cual tantas conjeturas se han tejido y siguen tejiendo, y casualmente sobre la cual, tan escueta información encontramos, me refiero a esa en la cual habla del "Hombre Gris". (Yo antes decía como mucha gente erróneamente: "El hombre de gris" pero luego, leyendo detenidamente me di cuenta que no estaba bien dicho así.

Se ha conjeturado sobre muchos políticos, desde Carlos Menem, hasta Néstor Kirchner, y luego también hubo gente que lo relacionaba con el Papa Francisco, y en medio de todo esto, hubo algunos otros políticos que no recuerdo y que creo no son recordables, que ellos mismos se atribuyeron el mote y dijeron ser "el hombre gris"… en fin, mejor ni hablar de ellos…

También hay algunas ideas que no desecho para nada, que hablan del pueblo que se levanta cansado y harto de tantas injusticias, y que todo su conjunto podría ser el Hombre Gris, porque se trataría tal vez de una clase media y media baja, aquella que justamente está desapareciendo en nuestra querida Argentina, en manos de tanta corrupción y políticos ladrones y estafadores.

En medio de todas estas conjeturas, surgió en mi corazón y mi mente de una manera muy fuerte Mauricio Macri, cuando comencé a verlo ya en el año 2003, en que apenas asomaba por las pantallas de televisión muy tímidamente y no parecía tener una idea muy definida sobre actuar en política como luego lo hizo.

Fui observando su trayectoria, todo lo que fue haciendo, como fue creciendo, como fue cambiando, como se esforzó, como se unió a gente que pensaba como él, cómo logró formar un equipo maravilloso con gente idónea, ejemplar, y realmente comencé a creer y ahora creo que él realmente es El Elegido, y el Hombre Gris que profetizó Parravicini en sus profecías que datan de hace tanto tiempo.

Efectivamente Mauricio Macri, fue alguien que, comenzó con muy poco políticamente hablando, y con todo en contra, hasta su propio padre, que nunca lo apoyó en ese camino, y sin embargo, a pesar de todas las trabas y barreras que tuvo, fue haciendo, humildemente, muchas obras, sin prisa pero sin pausa, en el marco de su gestión, por más que sus detractores u opositores no quieran reconocerlo y nieguen sus logros, están a la vista, no son una fantasía.

Mauricio Macri fue alguien que cuando asumió por 1era vez como jefe del gobierno de la ciudad, en el año 2007, fue hostigado, burlado, censurado, y hasta bloqueado con muchísimas trabas por el gobierno y sin embargo siguió adelante intentando hacer su gestión lo mejor posible, aun cuando se le presentaran miles de problemas.

El día 24 de octubre de 2015, a pocas horas casi de una elección tan importante para la Argentina como lo fue, y en la cual muchos de nosotros sabíamos que no solo elegiríamos al próximo presidente, sino que fundamentalmente elegiríamos qué futuro queríamos no solo para nosotros sino para nuestros hijos y nietos, si queríamos una Argentina libre e independiente, próspera y rica, o una semblanza de Venezuela o Cuba, que es a lo que con total certeza nos hubieran llevado si este gobierno populista seguía en el poder, me jugué por primera vez en mi vida, en mis 56 años por un candidato y todo su equipo, y fue por Mauricio Macri, porque creí realmente en él y en que es el hombre gris del que hablaba Benjamín Solari Parravicini en sus profecías.

Transcribo a continuación algunas de las frases que se refieren a este tema seguidas de mi humilde interpretación:

"La Argentina debe prepararse a sufrir. Tendrán unos mandones que la reducirán a un comunismo de corte fascista. La muerte correrá por sus calles y caminos"

Que más clara descripción que la Era Kirchnerista, en donde todo era a fuerza de imposición, y la Presidente una mandona, que nos quiso llevar hacia un comunismo. Y tantos muertos, a manos de delincuentes y corrupción. Más claro imposible.

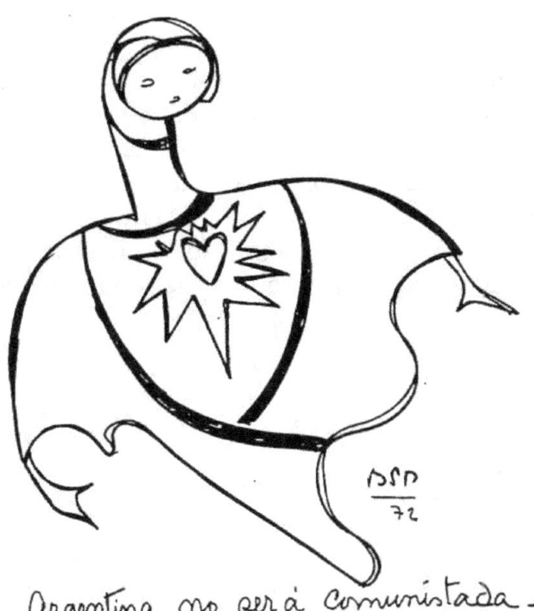

"Argentina no será comunistada. Lo fue sin ser ni saberlo y siendo no tendrá cabida porque todo lo tiene porque tiene Amor"

Otra profecía sumamente clara desde mi punto de vista y que marca claramente lo que sucedió durante estos años: quisieron llevar al comunismo a la Argentina, pero cuando el pueblo soberano reaccionó, por Amor, porque eso es lo que vence a la oscuridad, el Amor, todo cambió y se recuperó la República.

Yo siempre me preguntaba y cuestionaba como la gente no reaccionaba, como la Argentina se estaba dejando llevar de las narices hacia el comunismo que claramente se veía en todas las modalidades que tenía este gobierno en su accionar.

La reacción finalmente llegó, es que fuimos "comunistados", como bien expresaba Parravicini, sin saberlo, pero luego, dice eso, que no tendrá cabida, porque Argentina tiene Amor!, es impresionante!

"Nuevo sol. Nueva Luz.
El árbol seco de la Argentina sabrá de una era de nueva lluvia. Llegará hacia su suelo la bendición luego de luchas serias, de encuentros y desencuentros, de soberbios en gritos y de gritos vencidos."

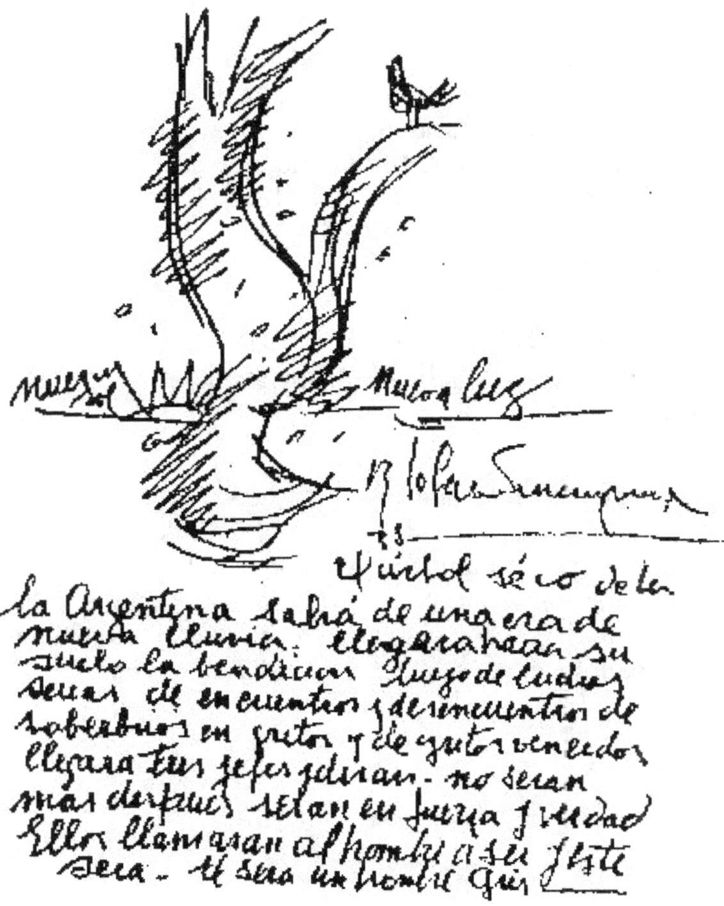

Mi reflexión es, que todo lo que pasamos, los gritos, la soberbia de la Presidente y sus mandatarios, todo lo que vivimos durante la era kirchnerista, tiene que ver con eso, y luego, la lluvia, el remanso, la Paz. Otra cosa más que me llamó poderosamente la atención, y no es un signo menor metafísicamente hablando: hubo varios días en los que tuvimos que votar los argentinos, en la Capital del país se votó 6 veces, incluyendo la última, la del ballotage del 22 de noviembre, y en el interior del país 3 veces. La mayoría de las veces, al menos en donde yo vivo, en este caso las 2 primeras votaciones, fueron días de lluvia torrencial, que metafísicamente significa una "Gran Limpieza" y luego, el día de la última votación, la definitiva, fue un maravilloso y soleado día, desde la mañana hasta el último minuto de sol.
Un signo más de lo que venía: Luz. Nuevo Sol, Nueva Luz.

 En otro párrafo dice:

Llegarán tres jefes y dirán. No serán, mas después serán en fuerza y verdad. Ellos llamarán al hombre a ser y éste será."

En mi opinión se refería a los 3 candidatos con más chances de ganar, en estas elecciones del 25 de octubre, los 3 probables presidentes, o también llamados "presidenciables" si bien hubo varios candidatos más, la elección claramente estaba sobre los 3 que serían más votados por la gente, y que, efectivamente pasaron a un ballotage que se celebraría el 22 de noviembre)

"El será un hombre gris", y también habla del Pintor
Gris:

Mauricio Macri, según mi interpretación, porque él vino como un hombre común, que es relativamente nuevo en la política, es un ingeniero, no es un abogado ni nada relacionado con la política, no es peronista, ni es radical las dos fuerzas políticas históricamente imperantes en nuestro país , por eso gris, ni blanco ni negro, ni peronista ni radical, también puede ser gris, por pensante, por cerebro, por eso creo que puede referirse al "hombre gris" pero también porque supo acercarse a las personas más necesitadas, y a la clase media en extinción porque si bien él representa a la clase media alta, y metafóricamente podría haber querido definir con el color gris a lo que no es ni blanco ni negro, ni rico ni pobre, en fin, se entiende, creo.

"Llegará a la Argentina empobrecida un nuevo sol.
Llegará el día en que la falsa palabra sea creída.
Llegará cuando las aguas lleguen en fuerza de ira"

La falsa palabra, en mi opinión, puede referirse a la palabra de los políticos kirchneristas, que cansaron a la población con sus mentiras (falsas palabras) y cuando habla del agua puede referirse a últimas inundaciones vividas, en la provincia de Buenos Aires…

En otra parte dice también:
"Cuando la salud física del ser ciego y atontado sea precaria"

Esto podría referirse a los muertos por desnutrición en el Chaco, los chicos atontados que no pueden pensar debido a su desnutrición, etc,

"Cuando la tierra tiemble bajo sus pies"
Podrían ser los terremotos que ocurrieron durante el año 2015

"Cuando la intriga levante la masa"
Esto claramente puede referirse a la muerte del fiscal Nisman, y tantas cuestiones sin resolver.

"Cuando el ladrón corra por las calles sin ser aprehendido"
Sobre esto creo que ni siquiera es necesario dar explicaciones porque hace años que sucede…y se recrudeció durante estos últimos años, en los cuales los derechos humanos pasaron a ser prioritarios para delincuentes y no para las víctimas. Insólito.

"Cuando la mujer grite por sus derechos y defienda causas políticas"

En los últimos tiempos la presencia de la mujer con su lucha ha llegado a todos los lugares del país, hubo marchas en todos los defendiendo sus derechos, las marchas "ni una menos", reflejaron mucho de esto.

"La Argentina tendrá su 'Revolución Francesa, en triunfo. Puede ver sangre en las calles, si no ve el instante
del "hombre gris"

Desde lo que yo interpreto, esto significa que si no ganaba Macri, "el hombre gris", es porque toda la gente que estaba indecisa no lo votaba (no lo "veía"), no creía en él, y votaba a otro, habría mucha desolación, disconformidad, mucha gente estará indignada porque seguirá y se recrudecerá "el modelo" actual, llevándonos inevitablemente y eso lo sabemos, hacia un modelo similar a Venezuela o Cuba. Creo que, al haber ganado "el Hombre Gris", Macri, todo eso se revierte y comienza una nueva etapa.

"La Clase Media salva a la Argentina" Su triunfo será en el ¡Mundo!"

Esta parte es muy impresionante y emocionante desde lo que pude percibir, dado que refleja a tantas marchas, los primeros cacerolazos, criticados tanto por el kirchnerismo, que despectivamente llamaban "caceroleros" a la gente de clase media que comenzó a protestar en varias marchas y a las que cada vez se sumaba más gente.

Luego de esas marchas, el representante más firme de todo ese movimiento, quien reflejaba más los sentimientos de ese pueblo que salía a protestar por tanta injusticia , fue Mauricio Macri, que, en el imaginario popular, sobre todo en el imaginario kirchnerista, representa a la clase media, pero en este caso, la realidad nos muestra que también representa la lucha y el sufrimiento de la clase media baja, y las clases bajas, pues todo fue agravándose tanto que ya no había sector de la población que no estuviera disconforme durante el "Kirchnerato".

Y cuando dice que "su triunfo será en el mundo" claramente se refiere a la repercusión que ha tenido el resultado de estas elecciones y el advenimiento del nuevo presidente, pues, en efecto, Macri recibió felicitaciones desde varios lugares del mundo, lugares desde los cuales se apoyó y festejó con alegría su llegada a la presidencia de la Argentina, y hasta contagió la posibilidad de cambio a Venezuela, país hermano que se animó a expresarse en las urnas en contra del gobierno socialista, populista y opresor que tuvieron durante 17 largos años.

En otra parte de las profecías Parravicini dice:

"En América del Sur la Argentina luchará su libertad, por la libertad de las libertades, la libertad de Dios. Pax".

Esto desde mi punto de vista demuestra claramente la lucha de estas elecciones, luchando todos por la libertad de libertades, la de vivir en Paz y unión, como hermanos, sin divisiones, luchando todos por algo en común, que es lo que propuso y propone siempre Macri, y lo que esto significa para el resto de Sudamérica, la libertad también para otros países latinoamericanos que hoy están oprimidos bajo regímenes populistas dictatoriales.

"Argentina mostrará luego de la prueba al hombre nuevo y el nuevo hombre ¡enseñará!".

Aquí siento mucha emoción, pues entiendo que el hombre nuevo somos todos los que hasta el momento no nos habíamos inmiscuido en cuestiones políticas, no nos habíamos jugado y ahora lo hicimos de una u otra manera, y eso será algo de lo cual todos aprenderán, en estos días principalmente, cuando estoy terminando este libro, Venezuela se mostraba esperanzada a pocos días de sus elecciones presidenciales, el día 6 de diciembre, y se supo que ellos se sintieron muy esperanzados al saber del triunfo de Mauricio Macri, pues éste se mostró como defensor de los derechos humanos de toda la gente que está siendo oprimida en países como Venezuela, donde un régimen dictatorial de izquierda está encarcelando a la oposición y amenazando a quienes no acatan las órdenes del presidente Maduro. Finalmente, la oposición al régimen dictatorial de este mandatario tan oscuro, triunfó en las urnas, dando su merecido a quien se creía el dueño del país.

"Se puede", fue el slogan de Mauricio Macri, cuando comenzó su campaña que se fue extendiendo a lo largo de meses de esperanza, expresando la alegría del pueblo, feliz de haber hecho realidad el sueño de un cambio y sí, es verdad que sí se puede impedir tanto sojuzgamiento en manos de gente corrupta que no respeta a las mayorías, algo que a partir de ahora esperamos que cambie para siempre, y que realmente podamos transformarnos en ese faro de Luz del cual también habló Parravicini en sus profecías.

"Argentina, puerto de puerta celeste, de arenas de oro, de pastos verdes, de flores rojas, hablará y dirá: 'Tierras tengo para el que sufre en quemazón, para el sin hogar, para el huérfano niño, para el que hambre padece, para el desposeído, para el anciano, para el enfermo, para el que nace y para el que deba nacer en este lugar de promisión. ¡Argentina Samaritana... del mundo!".

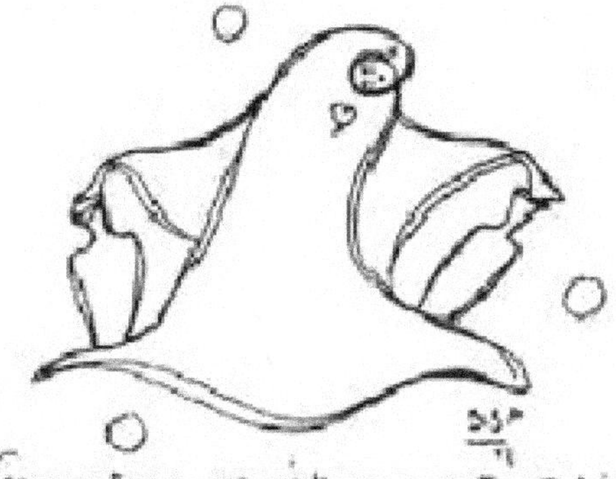

1

Creo que, si gracias a años de trabajo que seguramente llevará la reconstrucción de una Argentina como la que recibirá Macri, luego llegará el momento de ser nuevamente ese país que fue el granero del mundo en la antigüedad, y entonces sí será el lugar en el cual se podrán refugiar muchos, así como lo hicieron nuestros abuelos, pero que vengan a vivir en paz, en trabajo, y en armonía.

152

Creo que en estos párrafos de las profecías, interpretadas a mi manera, como creo que puede llegar a haber surgido en la mente de este profeta que nos dijo tantas verdades, está marcado bien claramente quien es el famoso Hombre Gris, que hasta ahora no había aparecido: Mauricio Macri.

No me gustó nunca hacer proselitismo ni quiero hacerlo ni siento que lo estoy haciendo, solo quiero dar mi opinión y compartirla porque me siento feliz de sentir que tanta gente como yo, piensa igual y eligió a Mauricio Macri como nuestro presidente.

Me hace sentir que no estoy sola y que hay una esperanza.

Cabe aclarar, aunque tal vez quien lea esto no lo crea, que todo lo que escribí, fue escrito antes de saber el resultado de las elecciones del día 22 de noviembre, y cuando hice mi interpretación sobre Mauricio Macri como el Hombre Gris, fue mucho antes del día 25 de octubre, día en el cual quedó como candidato visible ya a ser el próximo presidente de los argentinos.

Realmente sueño desde hace años con un cambio para nuestro país. Un país que siempre fue hermoso, y sigue siéndolo, pero que durante estos últimos años fue tiñéndose de un color de violencia, prepotencia, soberbia, amenazas, mala educación.

Es mi deseo y el de la mayoría de los argentinos que Mauricio Macri, nuestro Hombre Gris , finalmente lleve a nuestro país a la Gloria, y sé que así será.

NÚMEROS QUE GUIARÁN A MAURICIO MACRI

No podía faltar mi interpretación desde mi lugar como numeróloga, y no pude dejar de hacer un análisis sobre los números que le corresponden a Mauricio Macri, a partir de ahora.

Obviamente que de ninguna manera haré público un estudio numerológico completo, porque eso es privado, sino que me explayaré sobre la fecha de nacimiento pues es lo más importante en este momento para el tema que nos ocupa, su futuro próximo, es decir, que le depararan los números para el próximo año.

En este caso lo que haré es enfocarme en lo que sería la vibración anual que es el equivalente a la revolución solar de la astrología.

La misma, en numerología, es el número que con su correspondiente vibración, lo acompañará durante todo un año, es decir, desde su cumpleaños hasta el próximo, esto significa, una carga de componentes que pueden ser favorables o no, dependiendo de otros factores que acompañen al número en sí mismo.

Tomando entonces, su fecha de nacimiento, 8 de febrero de 1959 y solo el día y el mes podemos ver en principio, por cual vibración anual está atravesando ahora mismo Mauricio Macri
8 +2+ = 10=1 a este número producto de la suma del día y mes de nacimiento, le sumamos 2+0+1+5= 8 (suma del año 2015)

Sumamos entonces 1 + 8 = 9

Esto significa que, durante todo este año Mauricio Macri ha estado atravesando por la vibración anual 9, que significa un cierre de ciclo, y a la vez dedicarse mucho a brindarse por completo al servicio, a preocuparse por la gente, por la humanidad, coincide totalmente con el año que aún está atravesando ya que esta vibración lo acompañará hasta su próximo cumpleaños el 8-02-2016 en que ya será el comienzo de una nueva vida, un cambio total para él y para el país.

Durante esta vibración 9 que aún está atravesando, estará cerrando un ciclo pero también este cierre de ciclo, significará cambios, consumación de ideales y mucha inspiración, la cual tuvo que desplegar ampliamente, como lo hemos visto a lo largo de toda su campaña, que fue extensa y que lo vio muy ocupado preocupándose por la gente, sus problemas, sus necesidades, realizando un verdadero acto de servicio a cada momento, honrando el número 9 correspondiente a esta vibración.

En el transcurso de esta vibración que no termina aún, experimentará muchos arranques y detenciones dado que es un período de muchos cambios, por eso también todo esto tan complicado sobre el día de la asunción, como que se da un paso para adelante y dos para atrás, en fin… y durante el cual también será necesario desechar lo que no sirve o lo que daña y quedarse con lo positivo, en definitiva seleccionar, y es un poco lo que ha hecho con cada nombramiento, con todo lo que debería hacer para que su mandato se desarrolle correctamente.

También será el momento apropiado para deshacerse de vínculos indeseables. La misma vibración actuará y hará que se aleje de personas o situaciones o lugares que perjudiquen su evolución personal. Esto directamente no tiene necesidad de explicación, más claro imposible! Es justo lo que se dará luego del 10 de diciembre, y aún estará rigiendo esta vibración 9 que está atravesando antes de su cumpleaños en febrero.

Muchos objetivos se verán cumplidos, y tal vez muchos proyectos lleguen a buen término. Que mejor objetivo que el que ha cumplido de llegar a ser nuestro Presidente con todos los proyectos que ello trae aparejados. Totalmente cierto y apropiado para esta vibración.

Al ser éste un cierre de ciclo no es bueno o conveniente comenzar proyectos nuevos, sino continuar con lo que ya se ha iniciado en años anteriores. En este caso, me permito acotar que Mauricio estuvo completando y dando un perfecto marco a todo lo que vino haciendo hasta el momento, o sea que acompañó perfectamente a todo lo que esta vibración le fue indicando, sin saberlo seguramente. Fue un período de entrega y caridad hacia los demás porque tenderá a ayudar a su prójimo por lo que expliqué al principio que es característico de esta vibración anual.

Y lo más importante, esta vibración 9, aportará ideas nuevas que se podrán poner en marcha en el transcurso de la próxima vibración, que es la vibración n°1

Esta vibración será la que le corresponderá a partir de febrero del año 2016. En este caso de la vibración anual que por cierto lo favorece muchísimo para encarar la presidencia dado que al ser su fecha de nacimiento, es decir, el día y el mes, al cual antes de las próximas elecciones debemos sumar el año 2015, es decir tendríamos que estar sumando:

En este caso, lo importante es que según mi estimación, para su cumpleaños del año próximo 2016, al haber ya asumido la presidencia, y aunque la entrega del mando haya sido el 10 de diciembre, fecha en la cual Mauricio todavía estaría atravesando la vibración n°9, suele suceder que los efectos y algunas cuestiones propias de la próxima vibración se adelanten, y se complementen a lo que aún esté actuando de la vibración correspondiente, con esto quiero decir que pueden estar actuando los potenciales y todo lo que expliqué anteriormente de la vibración 9 pero también, comenzar una nueva etapa y esto correspondería a la vibración anual n°1, que tiene este significado:

Intuición, buena fortuna, suerte, un giro en sentido favorable, nuevos comienzos, decisiones, independencia.

Esta vibración significa comenzar todo, se comienza un ciclo nuevo, esto puede referirse a muchos aspectos, en este caso solo me referiré a lo que compete a la política y a su influencia sobre él como presidente.

Este número es muy bueno para renovarse y volver a empezar. Es justamente el número del cambio y la renovación que propone Mauricio desde su campaña. Pero no siempre esto es tan fácil, ya que todo dependerá de cómo hayan sido los años precedentes.

Al llegar esta vibración con su cumpleaños habrá cerrado un ciclo con el 9, y éste que se abre, es como recoger lo que se ha sembrado durante todo ese tiempo anterior.

Cada nuevo ciclo que comienza tiene relación con la madurez lograda por la persona año tras año. En este caso, es válido para él pero también para lo que le toca como conductor de un país. Deberá ser muy positivo, ir siempre hacia adelante, no escatimar esfuerzos. Esto es justamente lo que él tiene preparado para su mandato dado que lo que le toca como legado no es precisamente un jardín de flores, y deberá trabajar de un modo arduo pero siempre siendo positivo, porque tiene toda la energía de esta vibración a su favor.

Este es un período en el que podrá comenzar de nuevo, tomar un nuevo punto de partida. Podrá conseguir lo que estaba esperando.

Es la culminación de una serie de acontecimientos que le aportarán éxito y logros.

El ciclo puede significar un giro en sentido favorable, la iniciación de algo nuevo. Esto es totalmente cierto en lo que respecta a la nueva etapa de su vida, como Presidente de la Nación y con todo lo que ello significa, desde nuevas obligaciones hasta nuevos derechos, una nueva forma de vida completamente diferente a lo que venía haciendo hasta ahora, pero que a la vez está íntimamente relacionada con toda una labor de años, que como una hormiguita fue preparándose para este momento con muchísimo esfuerzo y dedicación.

Habrá un sentido de la independencia muy fuerte. Esto lo sentirá él, y lo transmitirá al país, de hecho ya, al haber sido elegido, la mayor parte del país, quienes lo votamos, hemos sentido un gran alivio, una sensación de libertad increíble.
Ya que se trata de un período de iniciación, se le exigirá momentos de soledad, para poder pensar y tomar decisiones. Deberá basar dichas decisiones en datos precisos y bien definidos. Luego, confiar en su intuición apoyada a la vez en la razón. De este modo, sabrá lo que hacer. Resolverá diferencias con antiguos adversarios, gracias a su clara comprensión de la situación y los problemas.

No enfrentará demasiados obstáculos, al menos éstos no vendrán de afuera. Contrariamente a lo que muchos pensamos ahora, a pocos días de la asunción del mando y que se lo están haciendo tan difícil. Esta vibración numerológica le solucionará o allanará el camino.
Los acontecimientos que parecen accidentales o simple producto del azar, resultarán en realidad de sus esfuerzos anteriores.

Los acontecimientos que se presenten durante esta vibración, pondrán de relieve su comprensión de las diversas circunstancias de su propia vida.

Como Mauricio ha trabajado con asiduidad y eficiencia, recibirá sin dudas la recompensa que merece. Obtendrá progresos y mejoras.

Todas las experiencias derivarán de los esfuerzos que haya realizado antes.

Realizará cambios favorables de diversa índole y su existencia puede cambiar por completo en el transcurso de esta vibración. Bueno, de hecho ya lo dije antes, y es lógico, que el ser Presidente de la Nación, le cambia la vida por completo a cualquiera, lo quiera o no, crea en la numerología o no, su vida, cambiará, de eso no caben dudas.

Deberá fijarse objetivos a largo plazo y comenzar poco a poco a dirigirse hacia ellos.

Todo lo que suceda en el transcurso de esta vibración, será la base para los años siguientes. Con el transcurso del tiempo se dará cuenta de ello. De todos modos, sé que Mauricio sabe que esto es así, porque durante 8 años hizo un trabajo de hormiga en la ciudad de Buenos Aires, y esto es lo que estará haciendo en el país, durante el transcurso del año 2016, sentará las bases sobre las cuales deberá moverse durante los próximos años, y tengo la certeza de que estas bases serán buenas y positivas, y que durante los próximos años se verán los frutos de su labor.

Más tarde cuando mire hacia atrás, advertirá que los acontecimientos de este período le sirvieron como piedras angulares para construir su nueva vida.

Comenzará a desarrollar sus talentos y dones. Será promotor de nuevas ideas y no deberá desanimarse ante ninguna negativa. Podrá y tendrá que fijarse objetivos a largo plazo, y empezará a dar los pasos necesarios para alcanzarlos.

Esto con certeza Mauricio lo hizo y lo hará, pues como dije en varias partes de este libro, si hay algo que me llevó a seguir con tanta firmeza su labor y a creer en él y querer que sea nuestro Presidente, fue eso, su firmeza y el no haberse desanimado nunca ante los obstáculos que siempre, hasta último momento tuvo que enfrentar.

Deberá demostrar fortaleza y autocontrol, ya que podrá alcanzar las metas que se haya fijado. El secreto está en la concentración.

Seguro que él lo hará, no me caben dudas, siempre lo hizo, y ha demostrado eso que tanto se necesita. Será capaz de realizar milagros en este sentido, ya que tiene en sus manos el control de todas las cuestiones materiales. Como Presidente, si se sabe manejar bien, ya lo creo que puede hacer milagros, y seguramente él podrá hacerlos.

Deberá canalizar sus pensamientos hacia áreas fértiles, donde las energías de su mente establezcan normas susceptibles de ser transmitidas a niveles subliminales.

Se dará cuenta que bajo una vibración anual 1, sólo sus propios deseos limitarán los resultados. Sentirá que todo lo puede y así será, solo si no cree en él se trabará, pero si cree, todo le será posible.
Solo deberá cuidarse de no utilizar negativamente las energías de esta vibración dado que eso lo impulsaría a tomar una actitud de terquedad que le hará seguir su propio camino sin preocuparse de las consecuencias.

Deberá dar rienda suelta a su individualidad pero guiándola con buen juicio. No tendrá que dejarse dominar por la impulsividad ya que sería perjudicial para su futuro.

Tampoco deberá abusar de autoritarismo, orgullo, terquedad, etc.

Creo que eso lo habrá aprendido observando lo que le pasó al gobierno anterior dado que abusó de todo eso y luego la gente se cansó, y le dijo basta.

Debería trabajar individualmente para poder lograr la concreción de sus proyectos, y actuar con serenidad y calma, pero con firmeza, dándole forma a sus ideales, que se convertirán en realidad.
Si se abatieran sobre él fracasos y pérdidas, no deberá olvidar que cada circunstancia de la vida es el resultado del uso previo que se haya hecho de las energías.

En ese caso, seguramente, no me caben dudas, Mauricio se pondría de nuevo a trabajar y a planear todo de manera muy cuidadosa, logrando así un mayor dominio sobre el futuro.
Y por último, esta vibración 1, la cual, repito, comenzaría a actuar a partir del 8 de febrero de 2016, y tal vez un poco antes, se relaciona a la vez, con 2 arcanos del tarot:

El Mago, que nos conecta con la divinidad de nuestro propio ser, y de acuerdo al cuidado de nuestro interior, y el equilibrio logrado hacia el exterior, se consiguen los resultados.

En mi interior interpreto al Mago como un Ser Elegido, especial, alguien que tiene la capacidad para transformar la realidad transmutándola, es decir, cambiar todo lo negativo y volverlo positivo, que es la misión que tendrá Mauricio Macri a partir del año 2016.

Por otra parte, la Rueda de la Fortuna, que siempre continúa girando, como el mundo, como la vida misma, como nuestro país que comenzará a cambiar… y el cambio empieza ahora mismo.

MAURICIO MACRI, EL ELEGIDO
MARIANELA GARCET

Sobre la autora
Marianela Garcet

Nacida en la Ciudad de Buenos Aires, en el año 1959.Maestra de Reiki sistemas Usui y Karuna, Profesora de Visualización Creativa, Master Teacher in Magnified Healing®, escritora freelance, Dedicada a la difusión de la temática espiritual, comenzó a publicar formalmente en el año 2005.
Libros publicados desde entonces:

"Camino hacia la Luz "
"Los Ángeles te hablan: Escúchalos I"
"Los Ángeles te hablan: Escúchalos II"
"Camino hacia la Luz II: Cuentos de Cristal"
"Vidas Pasadas- Tiempo Presente"

Colabora desde hace muchos años con portales dedicados a la educación a distancia como:
La Casa del Saber, En Plenitud, Esencialia, Vida Natural, E-Magister, Aprendemás, Portal Formativo y muchos sitios y blogs creados en Internet en donde se puede buscar una oferta formativa a distancia tanto pagas como gratuitas.
Creadora de varias webs y blogs sobre temas espirituales y de autoayuda y superación personal, siendo sus principales páginas webs:
http://octogonmistic.com.es
http://marianelagarcet.com
http://marianelagarcet.info
http://vidaspasadas-mg.com.es
http://amoranimal.com.es
http://reciclar.com.es

safeCreative
1 512075 966871
INFO ABOUT RIGHTS